Johann Christian Schubart

Ökonomischer Briefwechsel als eine Fortsetzung

seiner ökonomischkameralistischen Schriften

Johann Christian Schubart

Ökonomischer Briefwechsel als eine Fortsetzung
seiner ökonomischkameralistischen Schriften

ISBN/EAN: 9783744616867

Hergestellt in Europa, USA, Kanada, Australien, Japan

Cover: Foto ©ninafisch / pixelio.de

Weitere Bücher finden Sie auf **www.hansebooks.com**

Des
Geheimen Raths
Schubart von Kleefeld
ökonomischer
Briefwechsel
als eine
Fortsetzung
seiner
ökonomisch = kameralistischen Schriften.

Viertes Heft.

Leipzig,
in der Johann Gottfried Müllerischen Buchhandlung.
1787.

Oekonomischer
Briefwechsel.

Zwey und zwanzigster Brief.
Schreiben des regierenden Fürsten zu Anhalt-Cöthen, an von Kleefeld, d. d. Cöthen den 2 November, 1786.

Ew. ꝛc. belieben aus der Anlage*) zu ersehen, daß ich auf meinen Güthern zu Merzien den Kleebau in die Maaße betreiben lassen, als Sie, in denen herausgegebenen Schriften angerathen. Es ist solches auch dergestalt gut ausgefallen, daß nicht wenig Nutzen dadurch geschaffet worden, mithin es durch das hiesige Wochenblat bekannt machen lassen, um die Oekonomen zu dessen Nachahmung aufzumuntern. Ew. ꝛc. Ermessen übergebe zugleich lediglich, ob Sie gut finden jene Nachricht Dero ökonomischen Schriften beyzufügen. Ich habe übrigens das Vergnügen mit besonderer Consideration zu seyn.

Ew. ꝛc.

Freundwilliger,

Carl G. L.
Fürst zu Anhalt.

*) Siehe Beylage No. 1.

Beylage Num. 1.

Anhalt Cöthensches Wochenblatt. Jahrgang 1786. Seite 367.

Bekanntmachung.

Auf Se. Aeltestregierenden Hochfürstl. Durchl. zu Anhalt-Cöthen gnädigst erlassenen Befehl: bey der Administration der Fürstl. Güther zu Merzien, den Kleebau einzuführen; dienet hierdurch dem Publiko zur Nachricht, daß in dem Frühjahre des 1785sten Jahres daselbst, der 3te Theil der Brache auf der sogenannten Wassergarten- und Gerichtsbreite mit spanischen Klee besäet worden, und zwar unter

1 Wis.	Sch.	8 Mtz.	Rocken
1 ——	1 ——	——	Wickengerste
3 ——	19 ——	——	Haafer

5 Wisp. 21 Sch. —— Mtz. 5 Centner 14 Pfund, welche aus der Sperbacher Handlung in Leipzig erkaufet worden.

1) Der unter 1 Wis. —— Sch. 8 Mtz. Rocken Aussaat gesäete Klee dienete im 1786sten Jahre 200 Stück Lämmer nebst den alten Schaafen zur Weide, und wurde gar nicht gemähet,

2) der unter 1 Wisp. 12 Sch. Haafer Aussaat, war für einen Rindviehbestand von 75 bis 80 Stück hinlängliches und genügsames Sommerfutter, desgleichen hatten auch $5\frac{1}{2}$ Spann Pferde 10 ganzer Wochen sattsames Raufenfutter.

3) 3 Wisp.

3) 3 Wisp. 8 Sch. 8 Mtz. Aussaat wurde trocken und zu Heu gemacht, wovon bey der ersten Schuer, der sehr trockenen Witterung des 1786sten Frühjahres ohngeachtet, doch noch 50 vierspännige Fuder trocken gemacht worden. Von der 2ten Schuer, welche nach erhaltenen Regen ergiebiger war, wurden 56 vierspännige Fuder trocken gemacht, zugleich auch 6 vierspännige Fuder Saamenklee eingefahren. Sämmtlicher trocken gemachte Klee ist auf 2 dazu erbaueten Feimen zur Winterfutterung eingefahren worden; es sind also 112 vierspännige Fuder Kleeheu in der Brache, ohne Schaden am Ertrag der Futterkörner des 1785sten Jahres gewonnen worden; dieser Gewinn an Futterbau, würde von keiner Frucht in der Brache 1786 seyn gewonnen worden. Merzien, den 1 Oct. 1786.

Friedrich Carl Pötsch.

Drey und zwanzigster Brief.
Schreiben des Fürsten Colloredo, d. d. Wolperstorf, den 27 Juni, 1786, an von Kleefeld.

Ew. ꝛc. Zuschrift und Erinnerung haben mir die größte Freude verursachet: ich danke Ihnen ausnehmend für beydes, ersuche Sie meiner unveränderlichen Hochschätzung, ich darf sagen, meiner wahren Freundschaft versichert zu seyn; erlauben Sie mir aber die ihrige verdienen und erwerben zu dürfen. Nicht einmal, aber vielmal war ich in Begriff, an Sie zu schreiben, Ihnen zu danken mir die Ehre verschaft zu haben, ihre schätzbarste Bekanntschaft gemacht zu haben, wenn ich nicht ihren vielfältigen Briefwechsel und ihre häufigen Geschäfte in Ueberlegung und Erwägung gezogen hätte. Sie beschämen mich mit ihren unverdienten Ausdrücken, ich sollte Ihnen vielmehr meine Dankbarkeit auf das lebhafteste zu erkennen geben, ich fühle aber solche mehr, als ich hier zu schreiben vermögend bin. Wie ich ihre und ihrer Frau Gemahlin Unpäßlichkeit zu vernehmen bedaure, eben so freuet mich wieder beyder Genesung; ich wünsche herzlich die stete Fortdauer, erhalten Sie ihre Tage zum Trost und Freude aller ihrer Angehörigen und zum Besten des allgemeinen Wesens. Ja, verehrungswürdigster Menschenfreund! Sie wirken mehr Gutes, als Sie wirklich glauben können, bald werden Sie mehr davon selbst überzeugt seyn. Viele, wenn sie auch noch nicht ganz ihren Vorschriften folgen, ahmen schon solche, nach und nach, nach: mehr und mehr wird sich das Gute verbreiten, die Vorurtheile abnehmen, man wird klar zu sehen anfangen,

Drey und zwanzigster Brief.

anfangen, und thätig mit Nutzen und Vortheile zu Werke gehen.

Ew. ꝛc. wiederholte gütige Einladung Sie in Würchwitz zu besuchen, schmeichelt mich nicht wenig; wie sehr wünschte ich nicht, Sie daselbst zu verehren, ein Augenzeuge zu seyn, von allem was Sie zum Besten der Menschen vorkehren, den schuldigen Antheil zu nehmen, mir Begriffe von diesen vortreflichen Bestellungen zu machen, durch ihre gütige und freundschaftliche Anleitung zu lernen, das Gesehene sohin mit Nutzen auf den Güthern nachahmungsvoll einzuführen. Mit Empfindung muß ich aber für heuer diesem Vergnügen und Verlangen entsagen, und es auf weiter hinaus verschieben. Ich habe so wohl hier in Oesterreich als auch in Böhmen noch sehr vieles zu thun, um aus dem gröbsten zu kommen, und Ordnung einzuführen. Uble angenommene Gewohnheiten, Misbräuche, Vorurtheile lassen sich nicht so leicht heben und ausrotten, besonders mit unthätigen und unerfahrnen Beamten, so von dem alten Schlendrian nicht abweichen wollen, und nur jenes gut glauben, was sie von ihren Vorältern aber sehr übel erlernet haben. Durch unausgesetztes Wachen, durch unermüdes Schreyen und Zureden, durch Mühe und Fleiß eines ehrlichen und thätigen Mannes, welchen ich nun als Inspektor bestellet, der nicht von Vorurtheilen verblendet, sehr thätig zu Werke gehet, hoffe bald beßre Ordnung zu sehen, und die Güther besser zu bestellen. Ich habe schon bey einigen Mayerhöfen die Stallfütterung eingeführt, ich habe heuer mehr als andere Jahre, Klee, theils unter die Gerstengarben als auch in die Brache gesäet, die Wiesen etwas verbessert, und einige Huthweiden in solche verwechselt. Verflossenen Winter kam ich genüglich mit der Fütterung aus, es verbleibet mir noch ein kleiner Vorrath, es wurden um einige tausend Fuhren mehr Dünger erzeuget, und auf die Felder verführet, die Arbeiten wurden verdienstlicher, und zur Zeit vorgenommen, die Lämmerung gieng glücklich von statten, ich erhielt an solchen über 700 Stücke mehr als voriges Jahr, sämmtliches Vieh sieht besser aus als vormals, wird fleißiger gepfleget und gewartet. Die Hofmägde anzueifern, daß sie all ihren Fleiß und Sorge zu dem Vieh verwenden, setzte ich kleine Prämien für jede, so ihre Schuldigkeit unausgesetzt verrichten würden; dieses ist von bester Wirkung, jede bestrebt sich diese kleinen Geschenke zu erhalten, und bis zwey derselben haben alle diese Zeit ihre Schuldigkeit nach Vorschrift verrichtet, ohne ermahnet zu werden.

Mein Schwiegersohn, Graf Hartig, befindet sich mit seiner Gemahlin in Spaa. Sie werden eine kleine Reise nach Niederland, Holland und Frankreich machen. Mein Freund und rechtschafner Mann, Baron Gudenus, empfiehlt sich Ihnen ergebenst, oft und oft sprechen wir mitsammen von Ihnen.

Ich befinde mich hier auf einem Guthe vier Posten von Wien; wo ich aber viele Unordnungen, Nachläßigkeiten und Unterlaßung der ertheilten Befehle finde. Ich bin gezwungen daselbst mit dem Beamten eine Aenderung zu machen, so viele Jahre her sehr schlecht und wenig

Drey und zwanzigster Brief.

wenig verdienstlich amtiret hat. Ich habe sehr viele Arbeit und noch mehr Verdrüßlichkeiten, so bald als ich hier fertig, gedenke ich nach Böhmen zu reisen, um eben dort mit meinen angefangnen Arbeiten weiter zu gehen, und zu sehen, wie weit meine im Monaty März hinterlaßnen Vorschriften befolget, und was weiter zu veranlassen.

Meine Gemahlin empfiehlt Sich Ihnen ausnehmend, schenken Sie mir ihre Freundschaft und sein der meinigen, als auch steten Hochschätzung versichert, u. s. w.

F. v. Coloredo.

Vier und zwanzigster Brief.

Schreiben des Grafen von Rotenhahn, an von Kleefeld, d. d. Wien den 6. Juni, 1786.

Ich sündige schon wieder auf Ihre Güte, wie Sie aus dem Antrag des Ueberbringers urtheilen werden. Allein ben vielen Verehrern, die Ew. ꝛc. hier haben, ist wieder ein würdiger Mann zugewachsen, der Sie aus Ihren vortreflichen Schriften kennen lernte, aber zu spät, um ihren persönlichen Unterricht, während ihres Aufenthalts in Wien zu genießen. Es ist einer meiner schätzbarsten Freunde, der Graf von Lamberg; welcher ganz von den wichtigen Lehren eingenommen ist, die Er in ihren Schriften gefunden hat, sich die Erlaubniß erbittet, indessen seinen Wirthschafts-Direktor die Schichte der ächten Landwirthschaft besuchen zu lassen, bis Er selbst den ruhmvollen Urheber von so vielem Guten seine Hochachtung und Erkenntlichkeit persönlich wird bezeigen können. Der Graf ist ein sehr edeldenkender Mann. Den Wirthschaftsbeamten, welcher die Ehre haben wird, Ew. ꝛc. dieses Schreiben zu überreichen, kenne ich zwar nicht, aber er soll ein Mann von Einsicht und unbefangnen Gemüthe seyn. Ich hoffe, er wird sich durch seine Gelehrigkeit, ihrer gütigen Aufmerksamkeit würdig machen. Meinen jungen Oekonom wird die in Würchwitz genossene gütige Behandlung eben so unvergeßlich seyn, als mir; er ist nun ganz mit Einführung des Wirthschaftssystems beschäftigt, mit welchem Sie, vortreflicher Mann, in unsrer landwirthschaftlichen Verfassung Epoche gemacht haben.

Ich

Vier und zwanzigster Brief.

Ich fürchte nur, daß die seit einigen Wochen eingefallene trockne Witterung dem Ackerbau einigen Schaden thun wird. Alles ist in vorigen Herbste nach Ihren Vorschriften auf eine Furche bestellt, und das Korn soll sehr schön stehen. Ich behalte mir die Erlaubniß bevor, Ew. ꝛc. in der Folge noch genauer von dem Erfolg meiner diesjährigen Unternehmungen Rechenschaft abzulegen, die Sie eigentlich als ihre Werke ansehen können, wenn sie gerathen. Die gegenwärtige Gelegenheit, Ihnen einen neuen Beweiß meiner Verehrung abzulegen, ist mir sehr willkommen, um mir die fernere Dauer ihrer freundschaftlichen Gesinnung zu erbitten, und ich verbleibe mit einer ganz ausnehmenden Ergebenheit, u. s. w.

Fünf und zwanzigster Brief.

Schreiben des Grafen von Lamberg, an von Kleefeld, d. d. Wien den 17 Juni, 1786.

Ein Aufenthalt von mehrern Jahren in Italien hat mir Gelegenheit verschaft, mancherley Arten von wohleingerichteten und einträglichen Oekonomien, besonders in terra di Lavoro im Königreiche Neapel zu sehen; und mich das Elende und Mangelhafte der hierländigen Landwirthschaft, mithin nothwendig auch jener auf meinen Güthern, desto gründlicher kennen gelehrt. Schon mit dem Vorsatze, die Feldwirthschaft meiner Güther auf eine oder die andre Art in bessern Zustand zu bringen, kehrte ich nach diesem Lande zurück. Indessen ich mit mir selbst darüber zu Rathe gegangen, kamen mir Ew. ꝛc. vortrefliche ökonomisch-kameralistische Schriften zur Hand, in denen ich die nützlichste, leichteste und kürzeste Anleitung zur Bewerkstelligung meines Vorhabens fand. Ich entschloß mich also von Grund an Alles nach Ihren Vorschriften einzurichten. Um aber desto geschwinder und sicherer vorzugehn, schien mir nichts zuträglicher, als wenn ich jenen Beamten, dem ich die Einrichtung der bessern Wirthschaft auf meinen Güthern aufzutragen gedenke, eine nach Ew. ꝛc. Grundsätzen bestellte und vor allen andern Dero eigne Oekonomie sehen machen könnte. Aufgemuntert durch Ew. ꝛc. edlen und menschenfreundlichen Charakter, welcher aus Ihren schätzbaren Schriften allenthalben hervorleuchtet, und von allen Dero hierländigen Freunden rühmlichst angepriesen wird, nahm mir also die Freyheit, gegenwärtigen Beamten meiner Herrschaft Drosendorf Ignaß

Fünf und zwanzigster Brief.

Ignaz Sangoni, an Ew. ꝛc. abzusenden; mit der angelegenstlichsten Bitte, Dieselben wollen erlauben, daß gedachter mein Beamter Dero mit so ausgezeichnet glücklichen Erfolge umgeschafne Oekonomie besehen dürfe; und zugleich mir die besondere Gewogenheit erzeigen, ihn über die verschiednen bey meiner zu verbessernden Wirthschaft vorkommenden Gegenstände und besonders über den Anbau, Pflegung und Einärndtung der Futterkräuter gütigst zu belehren. In Ansehung welch letzterer ich an Ew. ꝛc. die weitere Bitte wage, mir zu einem Manne, der in Behandlung der Futterkräuter gründliche und praktische Kenntnisse hat, behülflich zu seyn, indem ich versichert bin, daß durch solch einen Mann mein Vorhaben ungemein befördert werden wird. Und gleich wie ich deßfals an Ew. ꝛc. keine Fehlbitte gemacht zu haben hoffe, so lebe auch der Zuversicht, von denenselben mit einer gütigen Nachricht erfreuet zu werden, unter welchen Bedingungen ich mir auf solch einen Mann für 1, 2 oder auch mehrere Jahre Rechnung machen dürfe. Ich bedaure nur, daß ich für heuer durch Geschäfte verhindert bin, Ew. ꝛc. selbst besuchen und Dero höchst schätzbare Bekanntschaft mir verschaffen zu können; tröste mich aber mit der Hofnung, daß es künftiges Frühjahr geschehen werde, wo ich mir schon zum voraus Glück wünsche, einen um die Menschheit so sehr verdienten der unbegränzten Hochachtung würdigen Mann persönlich kennen zu lernen, und derjenigen Ergebenheit mündlich zu versichern, mit welcher ich bin, u. s. w.

Sechs und zwanzigster Brief.
Von Ebendemselben, d. d. Wien den 31 Juli, 1786.

Ich habe Ew. ꝛc. verbindliches Schreiben vom 8 dieses erhalten, und unterlasse nicht Denenselben für die gütige Aufnahme des Direktors meiner Herrschaft Drosendorf verbindlichst zu danken, welcher nicht genug anrühmen zu können versichert, wie gütig er von Ew. ꝛc. aufgenommen, bewirthet und durch Aufopferung fast aller Ihrer Zeit, während seines kurzen Aufenthalts unterrichtet worden. Ich bin nun ein für allemal entschlossen, meine Oekonomie ganz nach Ew. ꝛc. Vorschrift einzurichten; aber leider kann das, wie ich nun nach reiferer Ueberlegung einsehe, nicht so eilfertig, als ich wohl wünschte, im Ganzen bewerkstelliget werden; theils weil die Kontrakte mit den Viehmaiern und Schäfern, theils aber, welches die meiste Schwierigkeit mit sich führet, die Verfassung mit der Waide, und theils auch der Mangel genugsamer Leute für der Zeit im Wege stehen. Mein Antrag ist also dieser, mit dem Anbaue der Luzerne in jener Maasse, wie sie zur Stallfütterung nothwendig ist, schon künftiges Frühjahr anzufangen; mit Brabanter Klee hingegen nur einesweilen einen Theil der Brache zu bestellen, und dieses eines Theils aus obangeführten Ursachen, andern Theils aber aus Ueberzeugung, daß ich, da ich das 2te Jahr schon die Luzerne zum Grünfüttern erhalte, und das Rindvieh zu Hause füttern kann, mit dem Schafvieh auf die Zeit, da ich es noch auf der Waide hungern lassen muß, weniger verlegen seyn werde, weil ich die sogenannte Brachwaide denen Schafen durch die, so bisher das Rindvieh hat,

werde

Sechs und zwanzigster Brief.

werde ersehen können. Für den Vorschlag wegen Anschaffung einer kleinen ökonomischen Bibliothek, bin ich Ew. ꝛc. sehr verbunden, und werde mir die Freyheit nehmen, Denenselben ein Verzeichniß von jenen Büchern, die mir bekannt sind, zu überschicken, sodann aber Ew. ꝛc. bitten, daß Sie mir diejenigen, die mir unbekannt, aber nach Dero Ermessen nützlich sind, bekannt machen, wozu ich aber noch Zeit genug zu seyn glaube, weil bekanntermaßen das Eigentliche der zu verbessernden Wirthschaft nur erst etwa nach 2 Jahren in Ausübung kommt, und die vorhergehende Zeit meist nur mit Vorbereitung dahin geht. Eben dieses ist auch die Ursache, daß ich den vorgeschlagenen Oekonom der Zeit nicht hinlänglich zu beschäftigen weiß, und mir also vorbehalten muß, Ew. seiner Zeit um die Zuweisung, etwa eines andern, ersuchen zu dürfen. Uebrigens gereicht es mir zu besondern Vergnügen, daß Ew. ꝛc. meinen Direktor zu erlauben beliebten, Ihnen seiner Zeit von dem Erfolg seiner Verordnung in diesem Geschäfte Bericht zu geben, und hoffe, daß diese um so viel erfreulicher ausfallen sollen, als Ew. ꝛc. Unterricht zum Leitfaden der ganzen Einrichtung genommen wird, und ich an Schneiders Versicherung, daß nach angebauten Klee, das Uebrige sich von selbst alles geben werde, im Geringsten nicht zweifeln kann. Indessen erübriget mir nichts, als mehrenmalen die Versicherung der vorzüglichsten Hochachtung zu geben, mit der ich bin, u. s. w.

Sieben und zwanzigster Brief.

Schreiben des Grafen Ferdinand von Kufstein, an von Kleefeld, d. d. Wien den 20 Sept. 1786.

Erlauben Sie mir, Ihnen für die aus Ihren so nutzbaren und zum wahren Menschenwohl gereichenden ökonomischen Schriften gezogenen Belehrung, den wärmsten Dank abzustatten. Diese so schätzbaren Werke habe ich nicht einmal, wohl über zehnmal durchlesen, und bewundert; jemehr ich dieselben durchlas, jemehr fand ich darinnen Belehrung und Unterricht; die nothwendige und unmittelbare Folge hievon war, daß ich auf meinen hier in Oesterreich befindlichen Güthern in den bisher üblich gewesenen Wirthschaftstriebe eine gänzliche Aenderung getroffen, und die in Ihren Schriften angerathne Methode eingeführet habe. In unserm so gesegneten, und wenn wir nur selbst wollen, noch unendlich gesegneter sein könnenden Oesterreich, wird bey den meisten Gütherbesitzern der Feldbau leider noch nach dem alten Schlendrian betrieben, nämlich im dritten Jahre bleibet der dritte Theil des ganzen Landes in der Brache, und lieget öde und müßig; auf diesem Fuße wurde auch bisher auf meinen Güthern geschaltet. Ich schaffe also für künftig die Brache ab, jedoch wohlbedächtig, fürs erste Jahr nur zum dritten Theile, im zweyten Jahre zum zweyten Drittheile, und sodann endlich im Ganzen. Auf dieses im künftigen Frühjahre mit Haber oder Gerste zu besäende Drittheil, befahl ich, gemeinen Brabander Klee mit unterzubauen, und selben sohin statt der darauf folgenden Brache zu benutzen. Die Zier-, Obst- und Küchengärten sind zur

Luzerne

Sieben und zwanzigster Brief.

Luzerne bestimmt, dann will ich auch noch schicksame Plätze zur Esparsette auswählen. Ob ich wohl im künftigen Sommer noch wenig oder gar keinen Kleenutzen zu hoffen habe, so habe ich dennoch, da ich hinlänglich Wiesen besitze, für künftig schon die Stallfütterung für das Rindvieh angeordnet. Für das Schafvieh konnte ich hierinnen noch nicht fürschreiten, weil ich hierzu erst hinlänglichen Vorrath an frischen sowohl als dürren Kleefutter abzuwarten erachtete; ungehindert dessen aber werde ich auch hierin, falls die bisher bestandnen Vorurtheile bestritten, und schon dermal, so viel nach Masgabe des Gras- und Heufutters möglich seyn wird, die Schafe weniger als sonsten auf die Waide treiben, und im Stalle bey offenen Thüren, der freyen Luft ausgesetzet, füttern lassen. Zu Veredelung meiner Schafzucht und der daraus folgenden Verbesserung der Wolle, habe ich einige spanische Störe zu erhalten mich beworben, mit welcher Verbesserung ich um so glücklicher zu seyn hoffe, da ich mehrere Schafreine besitze, und mithin die bey dieser Gattung Schafen nothwendige Verwechslungen und Verstallungen der Nachzucht um so leichter beobachten kann. Auch von der, in Dero Schriften so sehr gepriesenen Gipsdüngung, verhoffe ich einen ansehnlichen Nutzen: ich habe daher einige Zentner Gipsmehl, (welches man hier in Wien, jedoch etwas theuer, da der Zentner auf 48 fl. zu stehen kömmt, zu kaufen findet) bestellet, mit diesen habe ich sowohl von denen sehr nassen, als auch von denen sehr trocken liegenden Wiesen einige künftiges Frühjahr zu bestreuen angeordnet; dieses Unternehmen auf so gerade entgegengesetzte Weise, that ich geflissentlich, um mich in ein oder den andern

Falle

Falle desto mehr von dem Nutzen der Gipsdüngung zu überzeugen; sogar gedenke ich mit dieser Düngung auf die Winter- und Sommersaaten (jedoch in kleinen) Versuche zu machen.

Bey so vielen in einem einzigen Jahre von mir getroffenen Aenderungen im Wirthschaftsache ist es sich leicht vorzustellen, wie viele Mühe und Gedult es mich gekostet habe, bey den meisten meiner Wirthschaftsbeamten die eingewurzelten Vorurtheile zu bestreiten, den Hang zum alten Schlendrian zu vertilgen, und denselben den einleuchtenden Vortheil, dieser neuen Anordnungen begreiflich zu machen; doch aber muß ich der Wahrheit zu liebe einigen dieser Beamten das gebührende Lob beymessen, daß sie sich, nach einigen mir gemachten und von mir ihnen widerlegten Einwürfen, sehr willig und mit dem besten Erfolge belehren ließen, ja sogar nunmehr, da ich ihnen Dero Schriften angeschaffet und zu lesen befahl, zu dieser Methode ungemeine Lust und Begierde bekommen haben. Bey den übrigen Beamten, welche um einen guten Antheil Dummheit (vielleicht auch Halsstarrigkeit) mehr auf die Welt gebracht haben, mußte ich freylich zum sic volo, sic jubeo, meine Zuflucht nehmen.

So viele aus dieser nützlichen Einrichtung mir in Zukunft zuwachsende Vortheile, so merkliche Vermehrung meiner Renten, so augenscheinliche Aufnahme meiner Güther, habe ich Ihnen schätzbarer Mann und Ihren Schriften zu verdanken! Aber nicht allein ich, sondern die gesammte Menschheit wird Ihnen noch Dank wissen,

Sieben und zwanzigster Brief. 349

wissen, denn Ihre Schriften und die darin enthaltene
Methode wird in kurzer Zeit auch in Oesterreich mehr
bearbeitet und allgemeiner werden; in andern Ländern
wird man sich, so wie in vielen hundert andern Stücken,
also auch in diesem Fache nach unserm Beyspiele richten;
dann wird auch Ihnen der heiße Dank so vieler tausend
beglückten Menschen zuströmen, und dieses wird Ihrem
edlen und menschenfreundlichen Herzen die reizendste Be=
lohnung seyn. Da ich von dem allgemeinen Nutzen
und dem unmittelbaren Einfluß auf das allgemeine Be=
ste, den Ihre Schriften mit sich führen, überzeugt bin,
so war mir nicht genug, diese Einrichtung auf meinen
Güthern einzuführen, sondern ich suche auch vielen mir
benachbarten Gütherbesitzern und Landpfarrern (von wel=
che letztere sich viele mit besondern Fleiße der Landwirth=
schaft begeben,) die Nützlichkeit dieser Einrichtung ken=
nen zu lernen; ich berede sie, sich Dero Schriften an=
zuschaffen, und ich hatte das Vergnügen, daß mir fast
alle, nachdem sie Dero Schriften gelesen, und wir uns
einigemale darüber besprochen hatten, sehr vielen Dank
davor wußten, und mir nachzufolgen versprachen.
Damit will ich es aber auch noch nicht bewenden lassen,
sondern ich gehe mit den Gedanken um, Dero im zwey=
ten Theile Ihrer Schriften enthaltnen Zuruf an die
Bauern ꝛc. auf meine Unkosten drucken und unter das
hiesige Landvolk unentgeldlich vertheilen zu lassen. Diesen
Gedanken hänge ich schon eine Zeit lang nach, und
werde ihn, wenn sich keine Hindernisse zeigen, vermuth=
lich ins Werk setzen. Wie trostreich, wie vergnügend
muß mir, als einen jungen und so zu sagen erst angehen=
den Oekonomen, nicht schon im voraus der Gedanke seyn,

Viertes Heft.   Bb   hier=

hiedurch etwas zum Wohle meines Nebenmenschen beytragen zu können! freylich fällt das Verdienst hievon nicht unmittelbar auf mich, sondern auf Sie, dem Urheber dessen; allein die Ueberzeugung auch nur mittelbar zum Besten der Menschen beytragen, ist mir schon unendlich Trost.

Zum Schlusse erlauben Sie mir noch, Ihnen ein paar Fragen, in Ansehung der Behandlung meiner Güther vorzulegen; ich werde Ihnen nur von zween derselben sprechen: auf denen übrigen könnte ich gewisser hieher nicht gehörigen Ursachen wegen, Dero Methode noch nicht einführen. Auf dem Guthe Cl. besitze ich 330 Joch Aecker und 150 Joch Wiesen, das Joch, nach österreichischen Maaße auf 1600 Quadratklaftern, sowohl bey Aeckern als bey Wiesen gerechnet, dabey wurden bisher 110 Stück Kühe und beyläufig 900 Schafe gehalten. Bey dem Guthe B. befinden sich 467 Joch Aecker und 125 Joch Wiesen, hierzu waren 30 Stück Kühe und bey 1100 Stück Schafe gehalten. Ob nun das Verhältniß sowohl zwischen Rind- und Schafvieh, als auch zwischen dem gesammten Viehstande gegen die Anzahl Aecker und Wiesen ebenmäßig sey? erwarte ich Dero freymüthige Entscheidung; von welcher dann auch die hierin zutreffende Aenderung abhangen wird. Auf einem so wie auf dem andern dieser Güther, sind die Wiesen, sonderlich aber auf dem Guthe B. meistentheils sehr schlecht, die Ursache ist leicht zu errathen, da diese Wiesen vielleicht seit 100 Jahren keine Hand voll Dünger jemals erhalten haben; diesem Gebrechen wird also künftig durch die eingeführte Stallfütterung sund

den

Sieben und zwanzigster Brief.

den dadurch zu erhaltenden mehrern Dünger abgeholfen werden. Wäre es aber nicht thunlicher, einen Theil dieser Wiesen auf eine Zeit lang in Aecker zu verwandeln, um sie sodann nach einigen Jahren wiederum als Wiesen zu genießen? Bey dem Guthe A. besitze ich viele Weingärten, die mehrentheils von so schlechter Beschaffenheit sind, daß die Bau-Unkosten die Weineinträgniß weit übersteigen; wären diese Weingärten nicht weit nützlicher in Aecker umzuschaffen? In diesem Falle fraget sich aber noch ferner, wie diese Aecker, da sie etwas weit vom Mayerhofe entfernt sind, am bequemsten zu bestellen wären, da es wegen weiter Entlegenheit sehr beschwerlich seyn dürfte, genugsamen Dünger dahin zu bringen? Ueber diese Fragen erbitte ich mir Dero Meynung: ich dächte der Kleebau selbst würde dabey das dienlichste seyn.

Wenn ich, wie ich mir es sicher vornehme, künftigen Sommer meinen Schwager, Grafen Hartig, und meinen Schwiegervater, Grafen Colloredo, (von welchen beyden Ew. ec. ungemein geschätzt werden), in Böhmen besuche, so werde ich mir wohl die Freyheit nehmen, Ihnen auf Dero Gütern in Sachsen aufzuwarten, um nebst dem Vergnügen Dero nähern Bekanntschaft, durch persönlichen Augenschein von Dero treflichen Landwirthschaftseinrichtungen mir nutzbare Kenntnisse zu erwerben; hierzu erbitte ich vorhin mir Dero Erlaubniß, und bin nach Ihrem menschenfreundlichen Charakter derselben voraus gewiß. Ich hatte zwar bey Dero letzten Aufenthalt in Wien das Vergnügen, Sie persönlich kennen zu lernen; doch, da

meine

meine damaligen Kenntnisse in der Landwirthschaft noch sehr nach dem alten Schlendrian rochen, so glaube ich kaum von Ihnen bemerket worden zu seyn. Wie sehr freue ich mich also, künftigen Sommer das Vergnügen zu haben, Sie auf Dero Güthern zu besuchen, und mündlich alle jene unbegränzte Hochachtung versichern zu können, mit welcher ich stets verharren werde, u. s. w.

Acht und zwanzigster Brief.

Schreiben des Grafen von Berchtold, an von Kleefeld, d. d. Schloß Naydaschow bey Stadt Mol-
daw=Thein, den 7 Decemb. 1786.

Dero ruhmvolle in Werken bezeigte eigene Vorgänge, als auch dadurch entstandene Schriften, haben nicht allein in auswärtigen Ländern, sondern auch im Königreich Böhmen die beträchtlichsten Eindrücke zu machen Gelegenheit gegeben, denn alles eifert Dero Vorspiele nach. Nehmen Sie mir es nicht übel, Dero Schriften und Einleitungen zeigen nur gar zu klar, an Deroselben, den verehrungswürdigsten Menschenfreund; folglich, dieweil selbige dermalen nur gar zu seltsam finde, so werde ich mit meinen Zeilen nicht irre gehen, soferne mich als gänzlich Unbekannter an Hochderoselben bittlich verwende. Ich habe wirklich schon durch wiederholte Jahre im puren Sandgrunde mit wenig Erde vermischt, mit dem Kleebau fortgefahren und befunden, daß der bekannte Linzerklee zu 10 Pf. auf den Morgen, das ist 1000 Quadratklaftern, mir 50 Zentner grünen Klee zwischen Johanni und Dreyfaltigkeitsfest gebracht, mit welchen ich mich genugsam begnüget habe. Dieser Guthsplatz, welcher dem Herr Knechtl, Fürstlich Schwarzenbergischen Wirthschaftsbeamten, welcher bevor auf der Fürstlichen Herrschaft Wittingau gestanden, bey Deroselben dermalen sich befindet, ebenfalls bekannt seyn wird; dieweil es auf eine Stundewegs mit der Fürstlichen Herrschaft Wittingau angränzet. Dieser Sandboden hat mir nur gleichsam u ner Probe gedienet.

net. Da ich aber ein in der Baron Schützischen Criba gestandenes, im Prachiner Kreis liegendes, und eben an Sr. Hochfürstl. Durchlaucht angränzendes Guth, Meybaschow, gekaufet, welches aber einen viel bessern Grund hat, und bey welchen 1500 Metzen in 3 Theile Anbau befindlich sind, so habe schon durch zwey Jahre daselbst meine Kleeversuche gemacht, auf welchem das erste Jahr mir der Kleebau mißlungen ist, welches ich aber verschiedenen Ursachen beymesse; erstens war der Boden durch Liederlichkeit des Sequesters in vorhergehenden Jahren nur ein, höchstens zweymal gerühret, folglich der Grund zu harte gewesen; zweytens, nachdem meine Leute des Kleebaues unerfahren den Kleesamen zu tief haben eineggen lassen, so glaube ich, daß der Saame erstickt sey; drittens, weil sehr wenig Vieh da ist, so haben in den Feldern die hinlänglichen Düngungen gefehlet, folglich ermangelten denselben die Kräfte. Glauben Sie, Hoch. ꝛc. es sind Felder allhier, wo die Erde nicht die schlechteste, doch aber gegen zwey Ellen tonicht, und leimichter Grund ist, davon sind wenigstens 50 Metzen über 30 Jahre unbedünget geblieben. Ein andrer Grund ist etwas steinicht und lettich, theils auch etwas schutterich; von 40 oder 50 Metzen habe ich auch allhier, wo alte Leute gar keinen Dünger nicht gedenken, dergleichen Felder sind doch bebauet worden, was aber selbige für Früchte gebracht, welche die Arbeit nicht einmal bezahlt haben, ist leicht zu ermessen. Nun bitte meine Anfrage nicht zu mißbilligen, ob ich denn in solchen ausgesaugten Gründen einen Versuch mit Luzerne oder Esparzette wagen könnte; weil doch solche Kräfte gebrauchen? Nebst diesem habe ich noch eine Anfrage

zu

Acht und zwanzigster Brief. 355

zu machen, ob denn die Gipsmühle nach den Kupfern durch die vertikellaufenden Steine im Stande sey, den harten Kalkstein, so ich allhier in Menge habe, zu einen feinen Pulver zu zermahlen, welcher sich um vieles härter finden muß, als der angerühmte Gipsstein? In Böhmen, ich will sagen um unsrer Gegend weit herum, ist solcher nicht ausfindig zu machen, folglich aus Mangel dieses wirksamen Materials gedenke ich doch den Kalkstein zu handen zu nehmen, wenn nur solche Steine hinlänglich sind, ihre Wirkung zu verschaffen? Ein Versuch zwar, welchen ich vor drey Jahren gemacht, sollte mich in allem Fall auch dazu bewegen, sofern der Kalkstein zu hart wäre, mit einem andern weichern Steine in der Zermalung vorzugehen; nachdem ich schon die Probe habe, daß, da ich auf einem ganz dürren und gleichsam unfruchtbaren Hügel von den röthlichen weichen Steinen nur etwa $1\frac{1}{4}$ Zentner zu feinen Pulver habe stoßen und mit selbigen den Hügel etwas überstreuen lassen, ich doch das Vergnügen hatte, mehreres Gras darauf zu finden, unter welchen der Klee sogar von selbsten gewachsen war. Der eingesalzene grüne Klee, von welchem Mittel Hr. Baron v. Stein geschrieben, und Dero eigne Erfahrnisse auch solches bestätigen, welches das wahre ist, thut mir in einem Hofe von 30 Stück Rindvieh die vollkommensten Dienste: doch aber kann ich keinesweges begehren, daß jener die Kühe so einträglich noch stellen sollte, als wie bey Deroselben; denn der Mangel des Klees hat es nicht anders zugelassen, als statt, daß Dero eigene Kühe 25 und auch mehrere Zentner vorgeleget worden, bey mir nur dermalen noch 15 Zentner vom Oktober bis Ende Mays auf ein Stück vorgelegt

legt werden können. Ich bitte mir die Freyheit der Zuschrift gütigst zu vergeben; allein der Menschenfreund macht derjenigen so dreust, welcher in entschiedenster Hochachtung, sich ganz höflichst anempfehlend, beharret, u. s. w.

Neun und zwanzigster Brief.
Schreiben des Grafen von Lerche, an von Kleefeld, d. d. Kopenhagen, den 18 Dec. 1786.

Aus einem Schreiben von Ew. ꝛc. an einem meiner
Prediger, der sich auf mein Verlangen an Dieselben schriftlich gewendet hat, um Nachricht zu erhalten, ob es nicht möglich wäre, einen sichern Mann in
Leipzig erfragen zu können, an den man sich wenden
könnte, um die benöthigten Quanta aller Arten Gras-
saamen sowohl, als Gipsmehl, nach Callundborg in Seeland, für den genauesten Preis, und zugleich von den
besten Sorten, die in Dero vortreflichen Preisschrift
genannt sind, geliefert zu bekommen? aus oberwähn-
ten Briefe habe ich mit Leidwesen Dero Unpäßlichkeit
ersehen, und wünsche von Grund meiner Seele, eine
baldige und gänzliche Restitution, zur Freude Ihrer wer-
then Familie und wahren Nutzen unzähliger anderer,
welchen an Dero Erhaltung außerordentlich viel gelegen
ist. Ich schmeichle nicht, aber verehre zu allen Zeiten Verdienste und Edelmuth, hoffe demnach, Ew. ꝛc.
werden meinen Charakter nicht verkennen, und entschuldigen, daß ich, ohngeachtet Dero weit ausgebreiteten
Correspondenzen, die mir nicht unbekannt sind, es dennoch unternehme, selbige, und Gott gebe, noch lange
Jahre, zu vermehren. Die Nachricht von den Herrn
Kammerherrn und Amtmann von Buchwald, hat mich
auf den Gedanken gebracht, daß dieser, der von meinen
beträchtlichen Güthern einige Kenntniß hat, vielleicht
in Anleitung des Briefes von meinen Prediger Dame,
Ihnen

Ihnen einige Ideen von meinen Güthern und gemachten Einrichtungen beygebracht habe; da dieses aber nicht vollständig seyn kann, so erlauben Dieselben, daß ich hier suche, Sie mit meiner Wirthschaft ein wenig bekannter zu machen. In Seeland bin ich ohnstreitig der größte Proprieteur, indem ich sieben an einander liegende Güther besitze, die alle von meinen würdigen Onkel, den selig verstorbenen General und Graf, Christian Lerche, zu einem Stammguthe erigirt sind, und bey seinem Tode nicht mehr einbrachten, als 11600 Rthl. Seitdem ich sie in Besitz habe, ist nichts gespart, selbige zu verbessern, wodurch ich denn auch um ein beträchtliches die Revenüen vermehrt habe. Zu allen diesen Güthern habe über 550 Höferey oder Frohnbauern, davon aber ein großer Theil verarmte und schlechte Leute sind. Diese sind es nun, auf welche ich hauptsächlich mein Augenwerk gerichtet habe, um, wenn Gott Glück giebt, diese meine Nebenmenschen durch eine verbesserte Landwirthschaft nach und nach aufzuhelfen und aus dem Schlafe zu erwecken, in dem sie ihre immer mehr zunehmende Armuth versetzt hat. Welcher Freude können Ew. 2c. demnach nicht entgegen sehen, so viele Geschlechter (denn ich habe über 4000 Seelen auf meinen Güthern, jung und alt gerechnet,) durch Befolgung Ihres Wirthschaftsystems in bessern und glücklichern Stand versetzt zu sehen, und nicht nur diese, sondern durch ihr Beyspiel aufgemuntert, auch noch viele tausend andere beglückt zu wissen. Zu dem Ende habe aus Ihrer vortreflichen Preisschrift dasjenige ins dänische übersetzen lassen, was davon hier zu Lande anwendbar ist, und nichts von Huthung und Trift sagen lassen, da

Gott-

Neun und zwanzigster Brief.

Gottlob diese Plage niemals in den dänischen Staaten gebräuchlich gewesen. Dieses Ueberflüßige würde sowohl die Schrift weitläuftiger machen, als auch den Leser ermüden, da es nicht hieher gehörte. Von dieser Schrift habe einen Theil Exemplare unter meine Prediger, Schulmeister, Bauern und Pächter, gratis austheilen lassen, wovon ich mir großen Nutzen verspreche, da der Bauer, sobald er nur siehet, daß eine bessere Wirthschaft möglich ist, es begierig annimmt, wenn seine Kräfte ihm erlauben, sich das Benöthigte anzuschaffen. Aus diesem Grunde habe ich dieses Jahr durch den Hofmeister meiner Kinder, der ein Sachse ist, von einem seiner Anverwandten, den Kaufmann Salzmann in Erfurth, verschiedene Sorten aufs Frühjahr verschrieben, die, wenn sie noch zu rechter Zeit ankommen, zum ersten Versuche für mich und einige wenige andere hinreichend sind. Ich zweifle aber nicht, daß ich zu dem folgenden Jahre ein noch viel größeres Quantum aller Arten benöthiget seyn werde, und deswegen wünsche ich, einen Mann zu haben, der es auch in Ansehung der Quantitäten um den wohlfeilsten Preis verschafte, damit den armen Leuten der hohe Preis nicht abschreckte, indem man es ihnen der Menge wegen, doch nicht umsonst geben kann.

Ich selbst habe diesem Herbst ein sehr gutes Stück Land von ohngefähr 5 Dresdner Scheffel bearbeiten und düngen lassen, um es im nächsten Frühjahr mit Luzerne und Reigras zu besäen, von dessen Erfolge ich nicht ermangeln werde, Ew. ꝛc. zu seiner Zeit die ausführlichsten Nachrichten zu ertheilen. Mit der vollkommensten Hochachtung habe die Ehre zu seyn, u. s. w.

Drey=

Dreyſigſter Brief.

Schreiben des Paſtor Dame, an von Kleefeld,
d. d. Kömmerop den 14 Januar, 1787.

Mit einer Art von Bangigkeit nehme ich jetzt die Feder zur Hand, um Ihro ꝛc. für Dero gnädige Antwort meine unterthänigſte Dankſagung abzuſtatten. Möchten nur dieſe Zeilen Ew. ꝛc. geſund und wohl antreffen! Möchte Dero gefährliche Unpäßlichkeit ſich doch nun gehoben haben! Doch dieſer Wunſch wird ſchon gewähret ſeyn; der Höchſte wird unſere eifrigen Wünſche gehöret haben, und den Herrn noch lange erhalten, der in ſo vieler Hinſicht ſeiner Nebenmenſchen Wohlthäter iſt.

Mit der innigſten Rührung las ich Ew. ꝛc. gnädiges Schreiben, mit dankbarer Hochachtung, daß ein Mann, Dero Standes und vieler Beſchäftigungen, ſich herabließ, einem Unbekannten, weit Entfernten, ſo bald, ſo belehrend, und ſo gnädig, zu antworten. Deſtomehr werden Ew. ꝛc. ſich gar ſehr wundern, daß ich ſo lange Dero Schreiben habe können unbeantwortet laſſen. Für nichts in der Welt möchte ich von Seiten meines Herzens und meiner Aufmerkſamkeit einen ſolchen Herrn verdächtig fallen, und daher werden Ew. ꝛc. nicht allein erlauben, ſondern es auch von mir fodern, daß ich meine Entſchuldigung herſetze.

Ew. ꝛc. gnädiges Schreiben vom 14 Oktober voriges Jahres, erhielt ich erſt unter fremden (vermuthlich durch den Kammerherrn von Buchwald auf Gudumlund),

Dreyßigster Brief.

(und), Couvert kurz vor Weihnachten. Ich sandte selbiges ohne Verschub sogleich an Sr. Erzellenz, den Herrn Grafen von Lerche, und bat mir den Befehl über den Ihro ꝛc. gütigst bestellten Kleesaamen aus. Nach einiger Zeit bekam ich endlich Antwort, daß der Herr Graf von Lerche schon an Ihro ꝛc. selbst schreiben wollten, meldeten mir auch zugleich, daß selbige anderswo Kleesaamen bestellt, weil sie gänzlich die Hofnung zu einer Antwort aufgegeben hätten. Da aber Ew. ꝛc. gnädiges Schreiben an mich abermals von der Lerchischen Herrschaft zur Durchsicht von mir verlangt ist, befürchte ich, daß Sr. Erzellenz, der Herr Graf von Lerche vielleicht bisher versäumt haben, zu antworten. Doch, dafern dieses nicht geschehen ist, wird es doch in diesen Bogen geschehen, und da werden Sr. Erzellenz sich die Freyheit nehmen, mit Denenselben über die Kleesorten zu berathschlagen.

Wie reizend ist die Aussicht, die Ihro ꝛc. in Dero vortreflichen Briefe schildern, über den Wohlstand unsers Viehes in unserer Gegend! Ehe wir aber diese Höhe ersteigen, um dieselbe Aussicht hier zu haben, ist ein wichtiges Hinderniß zu bestreiten, dessen Ihro ꝛc. so weit mir bekannt ist, gar nicht in Dero Schriften erwähnen. Ich meyne nämlich die Befriedigung und Einhegung der Felder, ohne welche aller Kleebau nur zum Schaden seyn würde. Steinzäune sind für den Bauer zu kostbar, Hagedorn hat er nicht, und Erdwälle sind nicht dauerhaft genug, wenn er auch sein Land für sich ausgetheilt bekömmt. Auf Befehl Sr. Erzellenz, dem Herrn Grafen von Lerche, übersende ich Dero Preisschrift,

schrift, die Sr. Exzellenz (nebst mehrern Stücken Dero Schriften in dänischer Sprache) unentgeldlich an Dero Bauern austheilen lassen, und wovon ich mir unterthänigst die Erlaubniß ausbitte, Ew. ꝛc. ein Exemplar offeriren zu dürfen, wobey ich mir aber die Freyheit nehme, unterthänigst zu melden, daß die Vorrede und die Parenthese S. 17 in No. 1. nicht von mir sind. Sr. Exzellenz haben mir auch nicht den Verfasser derselben gemeldet.

Ich habe mich auch in der That recht sehr gewundert über die Begierde, mit welcher wenigstens meine Gemeine Dero Preisschrift las, und wünschet eben dieselben Vortheile vom Kleebau erhalten zu können. Und da Sr. Exzellenz, ihr Guthsherr, ihnen den Klee so wohlfeil als möglich in die Hände liefern wollen, haben sie beschlossen, jedem einen Zentner zum Kleebau auszulegen, und selbige mit einen Erdwall zu befriedigen. Sie haben dazu den rothen Klee gewählet. Es wird sich nun zeigen, ob sie sich nach Ihro ꝛc. Vorschrift richten wollen, oder ob das Verquecken ihrer Felder sie erst nöthigen soll, Dero Vorschriften Folge zu leisten. Was mich anbetrift, werde ich dahin sehen, daß in meinen kleinen Ackerbau Dero Vorschriften, so viel möglich, aufs genaueste befolget werden.

Nehmen Ihro ꝛc. hiemit, den unterthänigsten Dank für Dero gnädige Bemühung, einem Dero geringsten Schüler so liebreich zu belehren. Nichts würde mir mehr willkommner seyn, als Ihro ꝛc. meine Dankbarkeit thätig an den Tag legen zu können. Gott erhalte u. s. w.

Ein

Ein und dreyſigſter Brief.

Schreiben des Herrn Kammerrath Bühl, an von Kleefeld, d. d. Coburg den 24 Sept. 1786.

Für den zweyten und dritten Heft Ihres Briefwechſels danke ich Ihnen gehorſamſt. Solche praktiſche Schriften ſind jetzt die eigentlich ſchätzbaren. Ganze theoretiſche Syſteme haben wir genug; wo immer eins dem andern widerſpricht, und unpraktiſche Leſer nur konfus macht: und dennoch bekommen wir täglich neue, man ſollte damit aufhören und nur Thatſachen aufſtellen, wie Sie. Ueber das viele Schöne in Ihren beyden Heften, ſagte ich gerne viel, jetzt iſt mir aber die Zeit zu kurz, alſo ein andermal. Unſer Durchl. Herzog und Erbprinz laſſen ſich unter Vermeldung Ihres Kompliments bedanken, Sie wünſchen dabey, daß Ihre verdrießliche Affaire bald zu Ende gehen möge, und erwarten Nachricht, ſobald es geſchehn. Auch die Herren Hofräthe, Hofmann und Gruner danken Ihnen verbindlichſt, und vom letztern nehmen Sie den Dank aus ſeiner eignen Feder. Dieſer hat auch Ihre Vorſtellung an des Kayſers Majeſtät geleſen, ſein Urtheil iſt auch das Meinige, und ich hoffe, ſie wird nicht ohne Wirkung ſeyn, wenigſtens verdient ſie alle Attention, und in Principiis ſind wir ganz einſtimmig. Ganz unſtreitig wahr iſts, daß die vermiſchte Lage der Grundſtücke unglaubliche Hinderniſſe verurſacht, ich ſehe es ſtündlich mehr ein. Bey Zerſchlagung großer Domainengüther läßt ſich auch die Zuſammenlegung leicht bewirken, bey den übrigen Bauergüthern iſt es ſchon ſchwerer, wiewohl auch hier Ernſt und ein einziges Beyſpiel die Sache ſchon erleich=
tern

tern würde. Schade, daß nicht allemal die Männer, welche Muth und Patriotismus genug haben, am rechten Orte stehen, wo sie das nöthige Vertrauen der Fürsten und mit hinlänglicher Gewalt gegen Chikane versehen sind. Meistens sind sie in dem Falle, daß sie nur guten Rath geben können, und solchen oft aufdringen müssen; da denn immer die Mißgunst Scheingründe genug findet, die Absicht zu vereiteln, oder wenn ja etwas angefangen wird, den Urheber gleichsam zum Bürgen für alle Zufälle zu machen. Was soll man aber thun, wenn der Drang des Herzens gleich wohl auffodert? Es muß gewagt seyn; ohne Nutzen bleibts nie, und ist kein Dank bey der Welt, so ist er bey Gott.

Die guten Folgen von Ihren und der hiesigen Landkammer bisherigen Bemühungen sind unwidersprechlich, und liegen am Tage, ob gleich noch nicht in der Vollkommenheit, als vielleicht in etlichen Jahren. Das jeder Bauer im vorigen und heurigen Jahre, von seinem Kleebau schon außerordentlichen Nutzen gezogen, habe ich Ihnen schon geschrieben. Herr Fischer hat auch diesem Sommer schon mit Klee die Schafe gefüttert, und wird künftig immer mehr thun. Erst kürzlich besuchte ich eine andere Wirthschaft, und zwar auf dem Sachsen-Gothaischen Kammerguth Schweikhof in hiesigen Landen, drey Stunden von hier. Dieses Guth hat ohngefähr 200 Sr. Feld — aber mit einträglichen Wieswachs; es ist der Robacher Schäferen huthbar, der Pachter giebt aber 100 Fl. Huthgeld, und kann nun seine Felder nützen, wie er will. Dieser Pachter Namens
Hohn-

Ein und dreyſigſter Brief.

Hohnbaum, hat dieſen Sommer etliche 20 Er. Feld mit Klee gehabt, und damit nicht nur 50 Stück Rindvieh und vier Pferde, ſondern auch 200 Stück Schafe dergeſtalt gefüttert, daß er dieſe letztern Vormittags aus dem Pferch einige Stunden auf den wenigen Brachacker, nicht ſowohl zur Huth als zum Gang, herum führen, Mittags und Abends aber Klee vorlegen laſſen, und das Schafvieh (ob es gleich jede Mahlzeit nur zwey mäßige Schubkarn voll Klee erhalten,) iſt nach der mündlichen Verſicherung des Pachters ſehr geſund dabey geweſen, und ſo gewachſen, daß er die Hammel für 9¼ Rthl. das Paar verkauft hat. Bey alle dieſer grünen Fütterung hat er doch den Klee nicht konſumiren können, und noch 10 Fuder dürre gemacht, ob er gleich dieſe Abſicht nicht hatte. Dieſen Pachter wird nun Niemand vom Kleebau abbringen. Vielleicht geht er künftig noch weiter. Etwas eiferſüchtig bin ich nun zwar, daß er eher Stallfütterung eingeführt hat, als ich in Mönchröden, aber dieſe Eiferſucht iſt nicht mit Neid verbunden, vielmehr freue ich mich darüber, daß es ein andrer, der es eher kann, zuvorthut. Dieſes Kammerguth iſt von ganz anderer Beſchaffenheit, als der Hof zu Mönchröden, es hat ſchon faſt unverbeſſerliche Felder und ſo viel Wieswachs, daß für den Winter auch geſorgt iſt. In Mönchröden aber ſind wenig gute, meiſt mittelmäßige und ſchlechte Felder, ſowohl der Lage als bisherigen Bauart nach. Das Futter ſteht mit den Feldern in gar keinen Verhältniß, hier müſſen alſo die Felder erſt verbeſſert und Futtervorrath für den Winter geſchaft werden. Hierzu iſt nun heuer ein guter Anfang gemacht, und 48 Fuder Kleeheu, außer drey bis vier Fuder Saamenklee, der zum Theil noch steht, gut eingebracht worden. Ich warte also nur noch das künftige Jahr ab, um mich bey einer andern Einrichtung ganz sicher zu setzen. Das einzige ist heuer und vorm Jahre unangenehm, daß die Herbstsaat, wegen der nassen Witterung so verspätet wird. Die Kleeäcker halten ohnedies mehr Feuchtigkeit, als die Brachäcker, und es läßt sich also mit den Aeckern nicht fortkommen. So sehr ich überzeugt bin, daß in einmal geackerten Kleefeld die Frucht am besten wächst, so unangenehm ist dabey der Umstand, daß der Saame auf diese Art nicht untergeackert werden kann, und bey widriger Witterung dem Verwittern mehr ausgesetzt ist, als auf Brachfeldern. Wenn just das Feld ist, wie es seyn soll, nicht zu naß und zu trocken, daß es sich künftig eggen läßt, so wird der Saame eben so tief untergebracht werden können, als durch flaches Pflügen; so auch bey an sich leichten Felde, außerdem aber ist es schwer. Hier ist die meiste Saat noch zurück, und die Witterung scheint nicht günstiger zu werden; indessen können wir diese nicht machen wie wir wollen, und die künftigen Jahre werden doch besser werden, u. s. w.

Zwey

Zwey und dreyßigster Brief.
Von Ebendemselben, d. d. den 14 December, 1786.
Mit Beylage 2.

Ihre Gesundheitsumstände bekümmern mich und Ihre Freunde, und wir wünschen alle, daß wir bald bessere Nachricht erhalten. Wenn das Podagra die Gefahr nicht vermehrt, so hoffe ich, daß Sie bald völlig hergestellt seyn werden, wenn Sie mit Klistiren und andere die Blähungen treibende Mittel anhalten, so viel möglich gelinde Motion machen, und alles Verdrüßliche von sich entfernen. Wäre ich bey Ihnen, so würde ich mir die Erlaubniß ausbitten, Ihre eingehenden Briefe und Pakete mit neuen Büchern erst zu eröfnen, um Ihnem davon das zu lassen, was Ihnen jetzt gut ist. Rübezahls verdienen ungelesen verachtet zu werden, es ist ihnen ohnedieß nicht um Aufklärung zu thun, sondern sie suchen nur Aergerniß zu stiften und Unkrautsaamen auszustreuen. Ich habe vieles von den neuen Produkten gelesen, aber freylich wenig neues und gutes gefunden. Die Widersacher müssen sich doch in der That ärgern, wenn sie sehen und hören, daß ihres Geschreies ohngeachtet die gute Sache immer tiefer wurzelt, und sich immer weiter ausbreitet, und das geschieht doch wirklich. Da ich nicht weiß, ob Sie die Bayreuther Zeitung lesen, so schicke ich Ihnen einen Auszug daraus: welche schöne Beweise werden Sie von immer zunehmender Ueberzeugung finden, daß Kleebau ein Land glücklicher machen kann, daß die größte Hinderung in den Schäfereyen bestehe, und das solche von er-

leuch-

leuchteten Fürsten aufgehoben und an die Unterthanen vertheilt werden? Ist es eine Kleinigkeit, daß aus einen kleinen Bezirk Deutschlands, wo der Kleebau eingeführet ist, in einem halben Jahre 2459 St. gemästete Ochsen nach Frankreich getrieben, und von da 317048 Gulden baares Geld dafür geholt worden? Wie lächerlich muß in einem solchen Lande eine Scharteke klingen, die Huthung und Brache für das Wohl und die Erhaltung der Wirthschaft ausgeben will! Schon bey uns, die wir doch erst angefangen haben, macht solches Zeug keinen Eindruck mehr, als etwa hie und da bey einen Hirten. Ich habe Ihnen lange nichts umständliches mehr von dem Fortgange des Kleebaues in hiesigen Landen gemeldet. Sie haben also auch in Ihrem Briefwechsel nichts davon bekannt machen können; vielleicht zieht mancher Rübezahl eine ungleiche Folge daraus, wir wollen dergleichen Leute nicht länger in Ungewißheit lassen, und ich will Ihnen also zu fernern beliebigen Gebrauch ganz aufrichtig sagen, wie weit es bey uns mit der Kleewirthschaft gekommen ist. Große glänzende Beyspiele von Schaafhordenfütterung können wir zwar noch nicht aufweisen, ich erinnere mich aber des Herrn von Kleefelds guten Rath sehr oft, daß man nicht damit anfangen soll, bis man einen guten Vorrath an Futter hat, und diese zwey letztern Jahre waren so beschaffen, daß man sich nicht in beträchtlichen Vorrath hat setzen können. Gleichwohl sind hie und da einige bemerkungswürdige Proben gemacht worden, denn so hat der Kammerguthspachter Hohnbaum auf dem Schweibhof heuer 200 St. Schafe Mittags und Abends im Stalle mit Klee gefüttert, und nur zur Bewegung Vor- und Nachmittags einige Stunden

Zwey und zwanzigster Brief.

ben auf ohngefähr 20 Gr. Brachfeld spazieren gehen lassen, er hat mir selbst versichert, daß er die Hammel im Herbst vor 9 ½ Rthl. das Paar verkauft hat, und daß die Lämmer, ob es gleich Spatlämmer gewesen, ganz außerordentlich gewachsen wären. Seine Fütterungsart war folgende: Vormittags sind die Schafe einige Stunden im Freyen gehalten, Mittags im Schafstalle zwey Schubkarren voll Klee vorgelegt, dann wieder in den Mittagspferch getrieben, und Abends abermals Klee im vorigen Maaße gegeben, dabey wöchentlich einigemal gesalzen, und das Saufen von dem in den Schafstall geleiteten Brunnenwasser nie versagt worden. Bey so weniger Waide und mit so wenig Klee, 200 Stück Schafe gut zu füttern, hat mich selbst gewundert. Das öftere Salzen halte ich aber allerdings bey der Kleefütterung für gut, weil die nahrhaften Säfte leichter verdauet werden, und das Saufen nach Belieben, (NB. von guten reinen Wasser,) haben schon viele angerathen, weil sie da wenig und manche gar nicht, mithin sehr selten eins so viel säuft, daß es ihm schädlich werden kann. Außer den Schafen hatte Hohnbaum auch 50 Stück Rindvieh und vier Pferde mit Klee gefüttert, und noch zehn Fuder dürre gemacht. Dieser Mann ist nun aus eigner Ueberzeugung sehr für den Kleebau eingenommen, und es ist eben der, welcher das Gutachten No. 8. in unsern vorjährigen Nachrichten von Abschaffung der Huthtrift und Brache ꝛc. erstattet hat. Mir ist dieses Beyspiel auch deswillen angenehm, weil der Schweibhof ein Herzoglich Gothaisches Kammerguth in hiesigen Landen ist, mithin die Herz. Kammer zu Gotha, die, wie Sie sich aus der Beylage No.

33. unserer Nachrichten erinnern, ohnehin schon unsern Grundsätzen damals beytrat, sich nunmehr durch ihre eignen Pachter von dem guten Erfolg noch mehr überzeugen kann. Meister Fischer hat ebenfalls, wie Sie selbst vermuthen werden, viel Klee gebauet, und nicht seine Pferde und Rindvieh, sondern auch bey 100 Stück Schafe größtentheils damit gefüttert, letztere aber auch zugleich auf seinen noch übrigen Brachfeldern gewaidet. Herr Rath Fischer hat etliche 20 Stück spanische Schafe blos im Stalle gefüttert, und zugleich die doppelte Schur eingeführet, die recht gut ausgefallen seyn soll, und beyde Wirthe haben zugleich, jeder 15 bis 20 Fuder dürres Kleeheu einführen lassen. Von unserm Kammergut he Mönchröden kann ich Ihnen vor der Hand noch weiter nichts sagen, als das so wohl voriges als heuriges Jahr keine Brache mehr gehalten, alles Rindvieh, daß bereits über ⅓ vermehrt worden, und dieses Jahr in 30 Stücken bestanden, bloß im Stalle mit Klee, Espar und Luzerne gefüttert, außerdem diesem Sommer 48 Fuder Kleeheu excl. drey Fuder Saamenklee eingeführet, und auf einen Feimen gelegt worden. Wegen des geringen Wieswachses bey diesem Hofe, ist hier noch mehr als bey einem andern auf einem guten Futtervorrath zu sehen. Bessere Jahre werden solchen geben, und die Hordenfütterung der Schafe soll eine zuverläßige Folge davon seyn.

Was ich bisher vom Kleebau gesagt, ist nun freylich das Wenigste, was davon gesagt werden kann. Die Hauptfrage ist, ob er allgemein eingeführet wird, und sich auf jeden Bauer erstreckt? Und diese Frage kann ich

mit

Zwey und dreyßigster Brief.

mit Vergnügen bejahen, so weit nämlich dem Landmanne hiezu die Freyheit hat können verschaft werden. Wenn man im Sommer die Fluhren durchgeht, so findet man überall die schönsten Kleewiesen, und den Landmann mit Mähen zur grünen Fütterung oder zum Heumachen beschäftiget, und da höre ich ihn dann oft mit nicht geringer Freude sagen: das hätten wir freylich nicht gedacht, daß es noch so weit kommen würde. Ein genaues Verzeichniß von allen heuer genutzt und wieder ausgesäeten Klee hab ich zwar nicht, eine Flur will ich aber anführen, und so ist es beynahe in allem, wenn Sie nur so billig seyn, und unter hundert deren einige davon ausnehmen wollen. Das Dorf Unterlauter hat diesem Sommer sieben Pferde, 25 paar Ochsen, 10 paar Stiere und 183 Stück Kühe und junges Vieh mit grünen Klee gefüttert, und noch 63 ½ Fuder dürre gemacht. 10 ¼ Sr. Luzerne und Esper, und 96 Sr. deutscher Klee sind aufs neue ausgesäet. Die Gemeinde hat dieses Jahr 208 Stück Schafe gehalten, und solchen bisweilen dem Sommer über gefüttert, künftig will sie 300 halten, und sobald sie nicht mehr waiden können, dieselbe mit Klee füttern. Andere machen es entweder eben so, oder waiden gar keine Schafe, um sich im Kleebau nicht hindern zu lassen, oder sind wenigstens nach einer von der Herz. Kammer getroffenen Anordnung dahin angewiesen, daß, wenn sie auch hüten wollen, deswegen doch kein Gemeindemitglied behindert werden darf, Klee zu bauen, so viel jeder will. Kurz, man kann sagen, der Kleebau ist schon sehr im Flor, und wird es noch immer mehr werden, zumal wenn bessere Jahre kommen, als die zwey letztern waren. Bey dieser

dieser Gelegenheit muß ich Ihnen doch etwas von der kleinen Wirthschaft unsers Gerichtsschultheißen Bräklein melden. Er hat nur zwey Kühe, von diesem aber seit den 1 April bis 2 December dieses Jahres, 291 Pf. Butter erhalten, und mit Inbegriff zweyer Kälber, 79 Fl. 9 Pf. 4 Kr. gelöset. Die Kühe sind aber von guter Art, Mittelgattung, und sorgfältig mit Klee gefüttert worden. Auch Schweine hat er damit gefüttert *), und für 100 Rthl. verkauft, wiewohl bey diesen zugleich in Anschlag kommen muß, daß er Brandewein brennet, und die Fütterung dadurch verstärkt hat. Die Vortheile des Kleebaues sind schon im ganzen Lande gar sehr sichtbar, werden es aber noch ohngleich mehr werden, wenn noch einige besondere gute Jahre sind.

Außer denen in der Abschaffung der Huth, Trift und Brache ꝛc. S. 89. 90 und 91 bemerkten Schäfereyen,

---

*) Im vorigen Jahre wurde sämmtlicher Schweinstand auf dem Guthe Würchwitz mit weiter nichts, als jungen grünen Brabander Klee den Sommer über gefüttert. Die dabey gemachten Bemerkungen sind folgende:

a) daß diese Kleefütterung den Wachsthum sämmtlichen Schweineviehes außerordentlich beförderte.

b) Daß die jungen Schweine geschwinder als durch irgend eine andere Fütterung heranwuchsen.

c) Daß die nach solcher Kleefütterung zur Mast aufgestellten alten und jungen Stücke, schon nach Anwendung des halben Theils der sonst nöthigen Mastungsmitteln, die zum möglichen Schlachten erforderliche Fettigkeit erhalten hatten, und

d) daß

Zwey und dreyſigſter Brief.

reyen, ſind inzwiſchen noch folgende aufgehoben, und an die Gemeinden vertheilt worden, als:

    bey der Schäferey zu Rodach,
        in Gauerſtadt und
        Elſa,
    bey der Schäferey zu Schafhauſen,
        in Mönchröden,
        Gnailes,
        Unterwohlſpach,
        Rüthmannsdorf und
        Thane,
    bey der Schäferey des S. Meiningiſchen Kammerguths Calenberg,
        in Beiersdorf und
        Köſtfeld.

Daß es hie und da anfangs oder in der Folge einige Schwierigkeit zu überwinden giebt, iſt nicht zu leugnen, aber ſie werden überwunden. Der Landmann kommt auch immer mehr hinter die Handgriffe und Vortheile, und ich hoffe, es ſoll in kurzer Zeit weiter kommen, als ich ſelbſt geglaubt habe.

Das Koppelabtheilungsgeſchäfte iſt eine ſchwere Sache, wir haben aber doch ſchon einige gütliche Abtheilungen, und vor kurzen auch eine unter Direktion einer

---

d) daß die Zuchtmütter ſeit der Fütterung mit Klee nicht junge Schweine geworfen haben, vermuthlich aus der Urſache, weil unausgeſetzte Kleefütterung ganz beſonders auf das Fleiſch anleget.

einer dazu niedergesetzten Commission vorzuweisen, und kommt, wie ich hoffe, die vorgeschlagene Generalcommission zu Stande, so werden wir bald mehrere zählen können. Auch darf ich nicht vergessen, daß viele Schäfereybesitzer und Pachter sich spanische Stähre zu Veredelung ihrer Schafe zugelegt haben. Unsere künftigen Frühjahrslämmer in Mönchröden, sind schon von der zweyten Generation.

Sind Sie mit uns zufrieden, liebster Freund? Wir thun was wir können. Vielleicht kann ich Ihnen bald von einem uns benachbarten Lande angenehme Neuigkeiten schreiben, jetzt verspare ich aber alles, bis zu seiner Zeit. Es wird überall rege. — Eben erhalte ich Briefe aus einer Gegend von den Rhein, wo künftiges Frühjahr ebenfalls der Kleebau eingeführt werden soll. Um Saamen wird große Noth werden.

Allerdings muß es Ihnen zu großen Trost gereichen, daß Sie durch Ihre ernste Stimme manchem Landmann sein Glück gemacht, in vielen Orten würde man noch schlummern, wenn Sie nicht geweckt hätten, man erkennt endlich das Bedürfniß unserer Zeit, und es bedurfte nur eines Anführers, u. s. w.

Zwey und dreyßigster Brief.

Extrakt,

aus der Bayreuther Zeitung, No. 147, Donnerstags, den 7 Decemb. 1786.

Aus dem Hohenlohischen, vom 1 December.

Freunde der Landwirthschaft, die den ersten Mann eines Landes, den Bauer, zu schätzen wissen, müssen sich freuen, wenn sie in verschiedenen öffentlichen Blättern, sonderlich in dem 71 Stück der Stuttgarder Zeitung, vom Jahr 1786 lesen, daß das Herzogthum Würtenberg 30000 Pferde, 300000 Stück Rindvieh besitze, und daß durch den Kleebau in Zeit von 10 bis 15 Jahren ein Zuwachs von 70000 Stück gekommen sey. Man berechnet den jährlichen Gewinn an Pferden mit 55000 Fl. Möchte man doch auch den reinen Gewinn aus dem Rindvieh also berechnet angeben! und wie außerordentlich groß müßte dieser nicht seyn, wenn dem so nützlichen Kleebau mehr aufgeholfen, wenn er mehr begünstiget, und dadurch mehr ausgebreitet würde, daß die der Kultur so äußerst nachtheilige Schäfereyen auf den zur Kultur fähigsten Feldern vertilget, aufgehoben, den Bauern käuflich überlassen, oder aber diese Schäfereyen in Einöden, waldige, bergigte Gegenden versetzt, und so die allgemeinen Wünsche der Landleute, wider die sie so sehr und gewaltsam in der Verbesserung des Feldbaues hindernde Schäfer erfüllt würden.

Die besten Fürsten sehen, wie gut es wäre, und schon einige, als der Churfürst von Maynz, der Fürstbischof zu Bamberg und Würzburg, haben ihre Kammermerschäfereyen an die Bauern auf ewig verkauft, und unter sie vertheilet.

Hohenlohe Ingelfingen, that das nämliche, wo des Hrn. Erbprinzen Durchl. Königl. Preuß. Generalmajor, um die Bauern im Stande zu setzen, die Schäfereyen desto leichter erkaufen zu können, eine ansehnliche Summe, als ein Fürstlich großmüthiges Geschenk beygeschossen haben. Auch in Hohenlohe Neuenstein Oehringen, ist mit der Neuensteinl. Institutschäferey, und noch mehrern andern, eben der Verkauf seit einigen Wochen geschehen; der Verkauf anderer wurde unter Beystand der Aemter und der Regierung eilfertigst und eifrigst wirklich betrieben.

In dem Hohenlohe Waldenburg-Schillingsfürstischen Amt Kupferzell, wurde gleichfalls abgewichenen Monat Junius die ansehnliche Schafgerechtigkeit, ohne Wiesen, Gebäude und alles andern, von den Bauern mit 15000 Fl. erkauft und bezahlet. Man kann es hieraus berechnen, welch ein harter Druck, und welche Hindernisse die Schäfereyen in kultivirten Ländern den Bauern, der so vieles für die Abwendung derselben hingiebt, seyn müssen. Das häufige Schadenweiden, die Zurückhaltung des mehrern Kleebaues, die Unmöglichkeit die Bräche zu benutzen, die Abfrezung der Wiesen bis Georgii, und dergleichen, sind der Kultur nachtheilig, daß sie ohnmöglich voll und ganz geschehen kann. Kurz, wo Schäfereyen neben Wildpretsplage und Frohnen bestehen, da kommt es niemals in der Kultur zu was Ganzen.

Man

Zwey und dreysigster Brief.

Man denke nur, wie groß der Gewinn aus der Rindviehmastung sey, und für Deutschland werden müsse, da jetzund schon die einzige Handlungsgesellschaft, Hrn. Friedrich Weismüllers, Gastwirths zu Kupferzell, deren in Hohenlohe noch mehrere sind, von den 13ten Januar an, bis den 10 Junii 1786 um das Kaufgeld, für das Stück einen Laubthaler und für Fütterung bis Strasburg aufs paar Ochsen einen Karolin, 2459 St. Ochsen, welche alle in Hohenlohe und in dem angränzenden Hallischen, Anspachischen und Rothenburgischen aufgekauft wurden, nach Paris abgeschickt, und wofür er ohne Kauf- und Futtergeld 317048 Fl. aus Frankreich nach Deutschland zurück, und eingebracht hat. Was kann nun in der Folge geschehen, da alle Hindernisse der Verbesserung der Landwirthschaft von Hohenlohs Fürsten weggehoben worden? — Da sie auch sogar ihre Kammergüther, sammt ihren Seen, die Frohnen, welche darauf geschehen mußten, zu vertilgen, an die Bauern als eigen verkauft, und dabey ihre Revenüen ansehnlich vermehrt haben, und dadurch zur Nachahmung aufmuntern wollten!

Drey und dreyſigſter Brief.

Von ebendenſelben, d. d. Coburg den 21 December, 1786.

Ohne Zweifel haben Sie meinen letzten Brief erhalten, zu mehrerer Erläuterung deſſelben, und beſonders der Oekonomie des Hrn. Rath und Leibmedikus Fiſcher, finde ich für nöthig, Ihnen im Anſchluß deſſen eigenes an mich erlaſſenes Promemoria zu überſenden, woraus Sie die gute Denkungsart dieſes Mannes, und wie vortheilhaft ihm die Schaffütterung geweſen, erſehen werden. Ich bin ſehr willens, künftigen Sommer 200 Stück in Horden zu füttern, wenn anders unſere huthbaren Gemeinden ihre Fluren gegen ein billiges Huthgeld frey machen wollen. Einer iſt ſolches ſchon angeboten worden, ſie ſcheint aber die Wohlthat nicht zu erkennen, und hat ſich wenigſtens noch nicht kathegoriſch erklärt. Viele wünſchen dergleichen Freyheit, und können nicht dazu gelangen, manche, denen ſie angeboten wird, bedenken ſich erſt noch ſonderbar! Doch Rom iſt auch nicht in einem Tage erbaut, wie man ſagt; Mancher Kopf iſt zu ſehr in Dunkel eingehüllt, als daß das Licht ſo geſchwinde würken könnte. Im Ganzen wird es doch immer heller, und ſolche Anſtalten müſſen immer in Rückſicht aufs Ganze beurtheilt werden.

Jetzt wird nun gemurmelt, wegen unſerer neuen Einrichtung ſey die Schafhaltung ſehr vermindert worden; ich widerſpreche aber laut, ob es wohl aber eigentlich keines Widerſpruches bedürfte. Daß es jetzt weniger Schafe giebt, als vor prey oder vier Jahren, iſt
ganz

Drey und dreyßigster Brief.

ganz richtig, der Kleebau aber ist nicht die Ursache davon. Fast durchgängig sind die Schäfereyen nur zur Hälfte beschlagen, weil in diesen nächsten zwey Jahren manche halb, manche zu ⅔, und beynahe ganz ausgestorben sind. Noch diesen Herbst haben viele ihre alten Schafe um zwey Thaler, und wohlfeiler, weggeben müssen, um nicht die bloßen Felle zu verkaufen, und haben dagegen Lämmer für 2 ¼ Rthl. wieder gekauft. — elende Ausflucht, widerspenstiger Schäfereyberechtigten, die nun den Mangel an Schafvieh, der neuen Einrichtung Schuld geben wollen! Den heurigen Sommer halten die Schäfer für so schlimm, als den vorjährigen, und es ist wahr, die Schafe sind diesem Herbst meist schlecht gewesen, und was noch drauf geht; wird sich im Frühjahr leider zeigen. — Hordenfütterung würde viel Unheil verhüthet haben, wie auch Hr. Rath Fischer mit seinem Beyspiel beweist. — Nun es wird mit der Zeit noch alles gut werden, wenn nur Lust und Muth erhalten wird, ferner mit Vergnügen zu arbeiten.

Gott gebe Ihnen vergnügte Feyertage, und mit dem neuen Jahr neue Kräfte, Ihre Bemühungen um das Wohl unserer armen Mitmenschen zu verdoppeln. Ihre Liebe und Freundschaft gegen mich, müsse sich verdoppeln, wenn solche eines Zuwachses fähig ist, — die meinige gegen Sie, ist es nicht, sie wird aber dauern, so lange ich Ihren Namen nennen kann, und wird im Tode nicht mit absterben, u. s. w.

Promemoria!

Ew. ꝛc. Zuschrift und gütiges Zutrauen in meine geringe ökonomische Kenntnisse; waren mir sehr schmeichelhaft, und ich mache mir ein Vergnügen, Dero an mich gethane Anfragen nach meiner Erfahrung, die ich dieses Jahr über selbst gemacht, zu beantworten. Lange schon war ich niedergeschlagen, und äußerst betrübt, daß man hier unserm Armuth nicht mehr zu beschäftigen, und dadurch ihrem Elend aufzuhelfen sucht. Die Spinnereyen liegen danieder, und die meisten Produkte gehen roh und unverarbeitet aus dem Lande; so wird die ungesponnene Wolle zu unsern Nachbarn geschaft, und unterdeß, daß unsere Armen nichts zu arbeiten haben, verarbeiten unsre Nachbarn jene Produkte, und führen sie uns mit Aufschlag zum Kauf wieder zu. Gerührt von diesem Elend unsrer Armen und dem Verfall unsers Vaterlands, sprach ich mit geschickten Tuchmachern, und fragte sie um die Ursache, warum auch unsere verfeinerte Wolle nicht im Lande verarbeitet würde? Ihre Antwort war, weil sie zum Tuchmachen zu lang, und sie nur bloß zu Zeugen geschickt sey, würden aber jene verfeinerten Schafe zweymal des Jahres geschoren, und auf diese Art die zweyschürige Wolle in hiesigen Landen eingeführt, so sähen sie sich im Stande, die besten und feinsten Tücher hier zu verarbeiten, und dadurch auf einmal die vielen Armen durch Spinnerey in Arbeit zu setzen. Die Wahrheit dieser Aussage leuchtete mir ein, und ich beschloß, einen Versuch, wenigstens mit dieser doppelten Schafschur zu machen. Der so nasse Herbst hinderte mich lange an dem Aus-

führen

Drey und dreyſigſter Brief.

führen meines Vorhabens, aber ich nutzte die erſten ſchönen Tage im Oktober, und nahm die zweyte Schafſchur wirklich am 11 Okt. vor. Von den nämlichen 25 Schafen, von denen ich bey der erſten Schur am 18 May, 43 Pfund Wolle erhalten hatte, bekam ich jetzo 30 Pf., die von der nämlichen Güte, aber freylich nicht ſo lang, wie die erſtere war, und den allgemeinen Wunſch der Tuchmacher nach Mehrerer erregte. Nicht lange nach jener zweyten Schur ſtellte ſich die Näſſe wieder ein, und im November kam gar die große Kälte, ſo, daß ich wirklich für meine Schafe beſorgt war; aber jene Kälte iſt ihnen recht gut bekommen, ſie befinden ſich vollkommen geſund, und ſind ſchon wieder mit Wolle überlaufen.

Ueber die Abſchaffung der leidigen Trift und Schafhuth in unſern Landen, war ich ſehr zufrieden, weil ich feſt überzeugt bin, daß ohne ihre Einſtellung das wahre Wohl eines Landes nie befördert werden könne. Von 18 Maas Klee, den mein Pachter ausgeſäet, hat er auf 12 Fuder Kleeheu erhalten. Meine Schafe ſind dem ganzen Sommer hindurch im Stalle gefüttert worden, und nur manchmal, aber bey trockner Witterung, habe ich ſie, der Bewegung halber, auf meine eigne Felder treiben laſſen. Und da ich ſonſt gewöhnlich, wenn ich meine Schafe auf Schäfereyen gab, immer einigen Verluſt an kranken oder gefallnen leiden mußte, ſo bin ich dies Jahr ſo glücklich geweſen, daß ſie alle vollkommen geſund geblieben ſind. Der Hauptvortheil der Stallfütterung bleibt aber doch immer die Vermehrung der Düngung, und ſo lange unſer Landmann nicht

Viertes Heft. Dd ein-

einsieht, was vermehrte Düngung seinen Feldern für Nutzen bringt, und was für Schaden hingegen das Behüten der Wiesen auch im Herbst, zumal bey jetziger nassen Witterung, da Löcher in die Wiesen getreten werden, worin sich Wasser sammelt, und die Graswurzeln abfaulen macht, ihm zufügt, so ist keine Hofnung, der gesunkenen Landwirthschaft wieder aufzuhelfen.

Dies zur Antwort auf die von Ew. ꝛc. mir vorgelegten Fragen. Daß sie ein bischen länger, als ich selbst gedacht, ausgefallen ist, werden Dieselben um deswillen entschuldigen, da es nicht mein Privatvortheil, sondern das allgemeine Beste ist, für das ich sprach, u. s. w.

Vier und dreyßigster Brief.

Schreiben des Fürstlich Fürstenbergischen Oekonomieraths, Hrn. M. Stumpf, an von Kleefeld, d. d. Lahna, den 3 Juli, 1786.

Lange hab ich mich nicht unterstanden, an Ew. ꝛc. zu schreiben, weil ich weiß, wie sehr Sie mit Briefwechsel beschäftiget sind. Da ich aber diesen Brief auf Befehl meines Durchlaucht. Fürsten schreibe, so ist es mir doppelt lieb, vom Wachsthum der Lahner Guthsfrohn, Nachricht zu geben. Ew. ꝛc. äußern, daß der gegenwärtige Zustand von Lahne bekannt gemacht zu werden verdiene. Hier ist eine Skizze davon; die größere Beschreibung behalte ich mir vor, und sie können sicher darauf rechnen, daß ich aus Bescheidenheit von meiner Arbeit nichts Uebertriebenes sage.

Lahna.

1) Die Wiesen als Mutter der Felder, waren, wie sie Gott geschaffen hatte; Berge und Thäler, Sumpf, Weiden und Erlen, Dürre und Schmelen. Im Herbst und Frühling hatte die Lahner und Duchlowitzer Dorfgemeinde das verjährte Recht, mit dem Herrschaftlichen Vieh die Wiesen noch mehr zu verderben. Ich hatte wenig Mühe, mir diese Gäste von den Wiesen zu schaffen, denn ich hielt selbst fleißig Wache, bis ich ein und den andern erwischte, die wider das Verbot handelten, allein man wollte mich auf Ehre versichern, daß vor Georgi kein Gräschen wüchse, und wenn man auch einen Pfahl in die Erde schlüge, um es heraus zu treiben. Von dem

dem Schafübertrieb will ich gar nicht reden, denn diesen Leuten ist es entweder angeboren oder angethan Schaden zu machen.

2) Die Ausrottung der Sträucher und das Ebenen, kostet meinem Durchlaucht. Fürsten mehr als 100 Fl., und ich bin bey weiten noch nicht fertig, denn ich habe der Arbeit zu viel. Drey Teiche setzten die Wiesen beständig unter Wasser, und nur saures Pferdegras war die ganze Ausbeute: ich erhielt die Erlaubniß, sie zu kassiren.

3) An Düngung der Wiesen wird in ganz Böhmen nicht gedacht. Als ich den nach meiner Art zubereiteten Dünger 307 Fuhren auf die erste Wiesenfluhr führen ließ, schlugen meine Leute die Hände zusammen, ach! sagten sie, was wäre für Getraide in diesem Dünger gewachsen, und mein Nachbar sagte: Brodt muß man zuerst haben, wir werden in der Zukunft Futter genug, aber wenig Brodt zu essen haben. Nun, da ich statt 36 Fuder Heu zu 10 Zentner, weil sie wegen der Nässe in den Wiesen einbrachen, wenn sie allzuviel aufladeten; 46 Fuder zu 24 Zenther eingeführt habe, sind meine Saule alle zu Paule geworden. Sie dachten wohl, sagen sie jetzt, daß es so gehen würde. Ich habe am dritten Pfingstfeyertage mit 25 Männern zu mähen angefangen, und werde wohl zum erstenmal meine Wiesen dreymal mähen können, weil das Gras an den meisten Orten schon wieder am letzten Juni eine halbe Elle hoch ist, und dieß verursacht,

4) meine dieses Jahr eingerichtete Wiesenwässerung.

5) Die

Vier und dreyſigſter Brief.   385

5) Die Maulwurfshaufen, die vor Alter keinen
Quendel mehr tragen wollten, ließ ich vorm Jahre in
die anliegenden Felder führen, und es fehlte jetzt nichts
weiter, als 2000 Fuhren Dünger, um das Moos zu
vertreiben. Den Dünger zu erhalten, hab ich ſchon einen
Plan entworfen.

Feldbau.

Ich habe einen Schäfer, der in Lahna ſeine volle
neun Jahre Knecht war; er nennt mir Felder, die gar
ſeines Wiſſens nie gedüngt worden, andere, die ſechs,
ſieben, acht Jahre, nur ſtückweis, nie ganz, mit
Dünger ſind überfahren worden; dieß ſind Sand- und
Waldfelder, denn man brauchte die Vorſicht, nur die
beſten Felder zu bedüngen, und die ſchlechten Bra-
liegen zu laſſen, und zwar auf ſolchen Fuß, K
Haber, Brache: Korn, Haber, Brache. Dritt
hundert Metzen waren jährlich theils Brache, und mi
ter 40 Metzen Erbſen, wohin Korn ohne Dünger kam.

Dieſer ſchlechten Felder erbarmte ich mich nun, wie
der Gerechte ſeines Viehes, und ließ einige tauſend
Fuhren Dünger und Erde auf dieſe Sandböden führen.
Korn und Gerſte haben ſich theils gelagert, und in der
ganzen Gegend ſteht kein ſolches Getraide, wie in Lahna,
und dies nach der Ausſage aller Fremden. Das Sche-
ma meiner Felderverbeſſerung iſt folgendes:

Anno 1786. Korn. No. 1. 34 Metzen Ausſaat,⎫
                  863 Fuhren Erde,⎬ zu
      Korn. No. 2. 47 Metzen Ausſaat, Gerſt-
                  940 Fuhren Erde,⎭

Anno 1786. Gerste mit Klee. No. 3.
    108 Metzen Aussaat,
                1080
    No. 4. 36 — — } Fuhren klare Steinkohlen.
              360
Luzerne. No. 5. 39 — —
              390
Klee. No. 6. 59 — — 95 Fuhren Dünger zu Waizen.
Mit Klee, Korn. No. 7. 10 — —
              100 — Steinkohlen.
Waizen. No. 8. 56 — — 672 — Erde zu Gerste.
Haber in Gerste. No. 9. 104 — —
              1040 — Steinkohlen.
Wicken, Linsen, Erbsen. No. 10. 110 — —
              1100 — Dünger zu Korn.
Klee. No. 11. 71 — — 355 — Dünger zu Korn.
Korn mit Klee. No. 12. 26 — —
              260 — Steinkohlen.
Gerste und Klee. No. 13. 31 — —
              310 — Steinkohlen.
Esparsette. No. 14. 13 — — 130 — Steinkohlen.
Klee. No. 15. 9 — — 45 — Dünger zu Korn.

    Summa, 3625 Fuhren Erde.
          2090 — Dünger.
          4000 — Steinkohlen.

Warum

Vier und dreyßigster Brief.

Warum ich Klee ins Korn gebracht habe, ist diese Ursache: am 15 Oktober konnten wir erst die Erbsen vom Felde bringen, es wurde noch später gepflügt, und Korn hinein gesäet. Der Winter kam und vergieng, kein Korn aber wollte aufgehen. Damit das Feld doch etwas trüge, ließ ich Klee aufsäen und eggen. Jetzt steht das schönste Korn zur Verwunderung aller da. Meine Vorgänger hatten die Güte, mir allen Abfall von den Steinkohlen unentgeldlich und ohne Inventarium zu überlassen, und als ich die Berge von Steinkohlen besichtigte, und meinen Schäfer fragte, ob ich wohl auf drey Jahre würde genug haben, wenn ich alle Wiesen und Kleefelder damit überstreute? so sagte er mir zu meiner innigen Consolation: zehen Jahr werde ich daran haben. Warum ich dem Mehl vom Steinkohlen so gut bin, rührt aus meiner siebenfachen Probe her, die ich diesem Winter gemacht habe. Ich ließ auf Befehl Sr. Durchlaucht auf dem Felde No. 10 drey Beete mit Gauche, drey andre mit Kalch, wieder drey mit Kuhdünger, mit Holzasche, mit Steinkohlenasche, mit dem Abfall oder Mehl der Steinkohlen und mit Gips streuen. Die drey Beete mit Gips und Steinkohlen waren durchaus gleich, gegen die andern Beete schwärzer und höher, nach dem Regen lagerten sich auch beyde. Bey der so außerordentlichen Trockne, war der Klee auf No. 6, auf welchen Ew. ꝛc. vorm Jahre vorbeygefahren sind, anderthalb Ellen, auch einige Stengel zwey Ellen hoch, ein Kleestock hatte 33 und mehrere Stengel, der Klee blieb wegen der Güte des Feldes, und weil es an einer Wiese liegt, ganz ungedüngt.

Woher ich so viele Fuhren Erde nehmen möchte, könnten Ew. ꝛc. fragen? ich habe so viele Vieh- und Schaftriebe aufpflügen lassen, wo sich aller Haber gelagert hätte, wenn ich ihn nicht hätte abschneiden lassen. Ich habe Teichschlam und Schilferde, die ich auch mit Stechpflügen nicht durchschneiden kann. Alles dies muß auf die Felder, da wird Getraide wachsen, und ich habe dieses Jahr die Probe schon in Händen. Von der Viehzucht schreibe ich mit Ihrer gütigen Erlaubniß, ein andermal. Ich ersterbe mit aller Verehrung, u. s. w.

Fünf und dreyſigſter Brief.

Schreiben des Königlich Preußiſchen Ritmeiſters Herrn von Kleiſt, an einem ſeiner Freunde, die Schubart von Kleefeldiſche Wirthſchaft betreffend.

Ich ergreife nicht die Feder, um Ihnen mein Wort zu halten, nein! ſondern um Ihnen meine Verwunderung und die Wahrheit der geſehenen wirklich vortreflichen Oekonomie des Hrn. Geheimenrath Schubart von Kleefeld zu beſchreiben. Alles, was dieſer vortrefliche gute Wirth, in ſeinen Werken ſagt, iſt auf ſeinen Gütern praktiſch auf das beſte ausgeübt, und die reinſte Wahrheit; es iſt ein großer Unterſchied, ſeine Schriften, oder in einer Dachſtube geſchriebene ökonomiſche Bücher zu leſen, meiſtens von Männern, die nicht einer Hand voll Land haben, hier iſt es aber Alles auf das beſte in Ausübung gebracht, man kann es ſehen und greifen. Als ich aus Zeitz nach Würchwitz fuhr, traf ich unterwegens einen Fleiſcher, den ich um den rechten Weg nach Würchwitz fragte. Dieſer Mann gab zur Antwort, ſein Weg führte ihn da vorbey, weil er aus einem Dorfe dahinter her wäre. Ich faßte gleich den Entſchluß, den Mann auf meinen Wagen zu nehmen, und nach des H. G. R. Wirthſchaft zu forſchen, ich hieß ihn aufſitzen, und fragte, kennt er den Herrn Geheimenrath? O ja, ich kaufe ſeit vielen Jahren ſein Merzvieh, ſchlachte alles in ſeinem Hauſe, und kenne ſeine ganze Wirthſchaft, das iſt ein Wirth, und dabey ſo ein guter Herr. Wie werden ſeine Schafe gefüttert, werden sie in Horden gefüttert, oder ausgetrieben? sie werden in Horden gefüttert, und sind ganz vortreflich. Seit denen Jahren, wo Er solches angefangen, sind die Schafe so fett und gesund, daß Lunge und Leber so schön, wie von einem Kalbe aussehen. Hat der Herr Geh. Rath das Blutpissen bey seinen Schafen gehabt? Gott behüte, seine Schafe sind so frisch und gesund, als man sich es wünschen kann, nur vor einigen Jahren hatte Ihm ein Freund 25 Stück spanische Merzschafe verkauft, die aber alle ungesund waren, und nach und nach abgiengen, ohne ein Lamm zu ziehen. Hat er nicht gehört, ob sie mehr Wolle haben als vorher? O ja, gewiß, die Lämmer, welche schon im Januar kommen, werden so groß und stark durch das schöne Futter, daß sie zur Schurzeit, wie Jährlinge aussehen, und gleich mit geschoren werden, also kann man denken, was das alte Vieh für schöne und viele Wolle haben muß. Wie steht es mit dem andern Vieh? auch sehr gut, unter diesem Gespräche kamen wir an einige Stücken Felder mit Klee vorbey, die ganz herrlich stunden. Als wir vor dem Hofe uns hatten melden lassen, wurden wir auf das liebreichste aufgenommen, es that uns aber herzlich leid, diesen braven Mann krank zu finden, doch war Er ausser dem Bette. Wir fanden noch zwey Oekonomie studierende Candidaten von Böhmen und Wien, ein paar fleißige Männer, und den Herrn Grafen v. S. da, der, wie wir, um seine Zweifel zu heben, auch hingekommen war, durch seine Augen von der Wahrheit der Sache überzeugt zu werden; diesen Abend wurden lauter ökonomische Discurse geführt. Des Herrn Geh. Raths System ist feste, es gründet sich auf vieljährige

Fünf und dreyſigſter Brief.

Verſuche. Und eigne Erfahrung geht bey allen ſeinen Behauptungen vorher. Wie glücklich wird der Partikulier, und noch mehr das Land ſeyn, welches ſeine, von Ihm ſo ruhmvoll, bekannt gemachte ökonomiſche Kenntniſſe befolget. Den andern Tag früh um fünf Uhr, war ich mit meiner Frau im Hofe, beſahen das nicht zu große, aber ſchöne Vieh, Pferde und Schafe, wohnten auch der Melkerey bey, die recht ergiebig war, ohngeachtet die Kühe ſeit vielen und langen Jahren kein Korn noch Trank geſehen. Ihr Saufen beſtand in Spreu, worauf kalt Waſſer gegoſſen wurde, und welches ſie mit dem größten Appetit ſoffen; das Futter, früh in grünen Klee, und den Tag über einmal Klee, Gerſten-Stroh, weil das grüne Futter im Anfange den Durchfall verurſachen könnte, welches Stroh auf dem Hofe in Raufen ſtak, wo das Vieh herum lag. Der Hof war voll des ſchönſten verfaulten Miſtes, nicht etwa Stroh, wie es bey den meiſten Wirthen Mode iſt; ſondern des fetteſten und koſtbarſten Düngers. Die Schafe, als ſolche aus ihren Schuppen, wo ſie des Nachts ſtehen, gelaſſen worden, liefen ſie, wie gejagt, nach ihren Horden, welche nicht allzuweit davon, auf einem Berge, in einem angenehm melirten Gehölze geſchlagen waren. Das Wunderbarſte dabey war, daß, ob ſie gleich über Gras und Grünes dahin liefen, hier ſich nicht einmal darnach bückten, ſondern ſchnur gerade nach den Horden eilten, wo ihr Frühſtück, Luzerne, ſchon vorgelegt war. Nach dem Frühſtück war der Herr Geh. Rath ſo freundſchaftlich, ohngeachtet ſeines Podagra, welches Ihn ſehr hinkend machte, den ganzen Tag, nach ſeiner aufgenommenen Karte, uns jedes Stück ſeines

Feldes

Feldes in der Länge und Breite zu zeigen. Erstaunt über diese Pracht des Getraides, sahen wir einander an, ohne ein Wort zu reden. Wir hatten in der leipziger Gegend bis Würchwitz schönes Getraide gefunden, allein, gegen dieses muß alles weichen; jedes Herrschaftliche Stück, zeichnet sich von dem Bauerstück durch Schönheit, wenn sie gleich nur ein schmaler Rein trennt, sichtbar aus. Mit forschenden Augen durchgiengen wir jedes Stück; erstlich trafen wir auf das schöne Kornfeld, welches die zehnte Frucht, nach Krap, ohne Mist, in Kleestoppeln trug, es war gleiche, dunkelgrün, dicke, und über zwey Ellen lang; von da auf ein Rübsenstück, die siebente Frucht, oder vielmehr das siebente Jahr, ohne Mist, nach Krap mit Mist, über zwey Ellen hoch, und wie eine Bürste, die untersten Stengel Daumens dicke. Von sieben Metzen Aussaat, gedenkt der Hr. Geh. Rath wenigstens 400 Rthl. einzunehmen, welches sehr leicht zu begreifen ist, wenn man ihn stehen sieht. Nun kamen wir an eine Breite mit Klee, das war eine neue Pracht! es waren auf 24 Scheffel Aussaat, lauter Klee, gesäet, wie herrlich das alles den 22 May so früh im Jahre stand, läßt sich nicht denken, man muß es sehen, und so alles Getraide, Waizen, Gerste, Haber, Luzerne und Esparzette, waren an $\frac{3}{4}$ Ellen hoch; nicht ein Gras Unkraut war in dem ganzen Getraide zu sehen, und ob gleich Würchwitz ein kleines Guth von 140 Acker ist, so verinteressirt es sich bey dieser vortreflichen Wirthschaft gewiß besser, als eins mit 300 Acker Aussaat. Außer einigen Brachen, die den Bauern gehörten, war nicht eine Hand groß, was nicht mit Fleiß bearbeitet und bestellt

Fünf und dreyßigster Brief.

stellt war. Die Wiesen standen dicke voll schönen C'cases; der erstaunde Düngervorrath nöthiget den Herrn Geheimen Rath, die Wiesen auch mit Schafmist zu befahren, von welchem ich noch Spuren fand. Welcher Unterschied zwischen dieser Stall- und Hordenfütterung, gegen der alten Schlendrianswirthschaft; die Felder sind so erstaunend durchgedüngt, das sie sechs, acht, zehn Jahr, im Wechsel der Früchte, die reichsten Erndten bringen. Die Schafe, welche wir in den Horden besuchten, sahen sehr gut aus, sie bekamen täglich 8 Pf. Luzerne jedes Stück, wir waren bey der Fütterung zugegen; es ist ein wahres Vergnügen, den guten Fortgang dieser schönen Einrichtung zu sehen, und es macht wahre Epoche in der Wirthschaft. Die Krapfabrike ist ein schön neu eingerichtetes Gebäude, nebst einer großen Krapmühle darin. Welche Ehre für einen Mann, der so patriotisch denkt, nicht allein für sich zu sorgen, sondern auch den Dürftigen, den Armen, durch seine Kenntnisse und Forschungsgeist, Nahrung und Wärme den langen Winter hindurch zu verschaffen! Die Belohnung von oben herab, kann nicht fehlen! Durch die Rechnungen, die uns der Herr Geh. Rath zeigte, sahen wir mit Erstaunen, daß Er im Durchschnitt das dreyzehnte Korn erndtete, in den Scheunen waren noch über sechzig Schock zu dreschen, und die drey Drescher kamen keinen Tag heraus; die eine Scheune lag voll Stroh. Da der durch des Hrn. Geh. Raths Schriften bekannte Bauer Schneider, nicht weit von Würchwitz, in einem andern Dorfe wohnte, giengen wir auch hin, wir fanden die Hofgebäude fast neu gebauet, 29 der prächtigsten

tigsten Kühe, nebst zwey Bullen, lagen dicke gefüttert bey den vollgesteckten Raufen im Hofe. Mit fünf dicken prächtigen und großen Pferden, fuhr er und sein Knecht nach dem Felde. Dieser Bauer hat dem Hrn. Geh. Rath in seiner ganzen Wirthschaft, ausgenommen den Krapbau, nachgefolget, und befindet sich seit sieben Jahren, wo er das Guth mit sechs tausend Thaler Schulden, und einigen Kühen angenommen, in dieser blühenden Verfassung. Er hat nicht allein seine Schulden abgezahlet, sein Guth in besten Stand gesetzt, sondern noch vor vier Wochen eine Tochter mit 1000 Thalern ausgestattet. Als ich den Bauer meine Verwunderung darüber bezeugte, gab er mir ganz treuherzig zur Antwort: säen Sie nur Klee, so werden Sie schon erfahren, was Sie für Vieh und Korn haben werden. Dies sind redende Beyspiele, wer wollte solchen Exempeln nicht folgen! Nun soll mich keine Schrift gegen diesen verehrungswürdigen Mann irre machen! Auch seine häusliche Einrichtung ist recht artig. Die Frau Geheime Räthin konnte sich Ihrer mißlichen Gesundheit halber, ihrer Viehwirthschaft jetzt nicht so annehmen, wie sie wünschte, dafür ist Sie aber ganz Mutter und Pflegerin Ihrer starken Familie. Die älteste Fräulein Tochter ist eine hübsche, modeste und artige Person, die außer Ihren schönen Kenntnissen in den ihrem Geschlechte angemessenen Wissenschaften, sich ganz der Vieh- und häuslichen Wirthschaft widmet, ist auf das beste darin reüssirt; die übrige Familie ist bey einem geschickten Hofmeister in den Studiis sehr fleißig. Hier haben Sie, bester Freund, eine genaue Nachricht,

von

von des Herrn Geheimen Raths äußerer und innerer Wirthschaft. Der Himmel schenke diesem edeln Manne seine Gesundheit wieder, damit Er die Freude genieße, der Reformator von ganzen Reichen in der Wirthschaftsverbesserung gewesen zu seyn. Ich verharre, u. s. w.

Sechs und dreyßigster Brief.
Auszug eines Briefes, die Kleewirthschaft betreffend.

Seit dreyßig Jahren habe ich *) sehr vieles über die Landwirthschaft, über den Futterkräuterbau und über die Fütterung des Viehes im Stalle und auf dem Hofe, gelesen, da mir die langen Winterabende dazu Muße gegeben. Bisher aber habe ich noch keine recht praktische Beschreibung von einem Guthe oder Hofe gefunden, wo selbst die Stallfütterung eingeführt ist, worin alle dabey vorkommende Anstalten und Geschäfte genau angezeiget worden. Da indessen vielleicht noch dreyßig und mehrere ökonomische Schriften vorhanden, welche mir nicht zu Gesichte gekommen, und es seyn kann, daß in einer oder der andern dergleichen befindlich ist: so habe ich Ew. ꝛc. ersuchen wollen, wenn Ihnen davon etwas bekannt seyn sollte, mir solches zu melden. Ich bin etwas scheu geworden, noch mehrere Schriften dieser Art anzuschaffen, da ich einige wenige ausgenommen, in den übrigen nichts gefunden, was in vielen andern nicht schon gesagt war. Das es gut und möglich sey, das Vieh ohne Waidegang zu erhalten, daß der Futterkräuterbau nützlich, und wie solche gebauet werden müssen, solches ist nun schon mehr als zu oft gelehret worden, auch einem jeden schon bekannt, und es ist wirklich betrübt, daß sich noch alle Messen Leute finden,

---

*) Hannöverische Anzeige, vom Jahre 1786, No. 53 d. d. den 3 Julii.

Sechs und dreyßigster Brief. 397

finden, die ihre Finger nicht besser zu gebrauchen wissen, als daß sie dergleichen Lehren aus ältern Schriften ab‑ schreiben, und dadurch einen armen Landmann, der einen Unterricht suchet, und deshalb gerne lieset, in unnütze Kosten setzen. So wie ich noch neulich in den sonst ganz gut geschriebnen Beyträgen zur Oekonomie des 18ten Jahrhunderts den ganzen Plan von der Auf‑ hebung der Gemeinheiten, welchen der Pastor Großmann im Jahre 1774 bekannt gemacht, wieder abgedruckt gefun‑ den, ohne daß des letztern dabey erwähnet worden.

Das Nützlichste und Neue, was ich seit einigen Jahren angetroffen habe, sind die Nachrichten des Pa‑ stor Mayers, einige Schriften vom Herrn Geheimenrath v. Schubart, von Gugenmuß und der Prodromus von Riem, auch was im Hannöverischen Magazin, von den Ertrage und der Fütterung des Klees zu W—— gesagt worden. Theils, weil diese Männer aus Erfahrung und durch wirkliche Exempel reden, und ihre Wirth‑ schaft nicht auf der Studierstube geführet wird, theils, weil sie von der im Hohaischen schon lange bekannten Kleebrache Erfahrungen mittheilen, theils einen völligen Unterricht von den Anbau sämmtlicher Futterkräuter ge‑ ben, theils auch einem Landwirthe Gelegenheit verschaf‑ fen, einen Ueberschlag machen zu können, wie viel Fut‑ ter er nach Verhältniß der Beschaffenheit seines Landes auf das Vieh rechnen müsse. Auch gefällt mir die Nachricht eines Landpredigers von seiner kleinen Wirth‑ schaft, die kürzlich zu Leipzig heraus gekommen ist: Man hat nun Alles was man vom Anbau der Futter‑ kräuter und vom Nutzen der Stallfütterung zu wissen

Viertes Heft.   Ee   nöthig

nöthig hat, und ich möchte nur wünschen, daß Ew. ꝛc. mir eine solche praktische Beschreibung anweisen könnten, als ich eben erwähnet habe, und wenn solche in einem größern Werke befindlich ist, daß selbige alsdenn besonders, als ein Handbüchlein für den Landmann, abgedruckt würde, oder wenn noch kein Landwirth eine solche Beschreibung von seiner Einrichtung drucken lassen, daß doch ein erfahrener Oekonom sich zu dergleichen Aufsatz entschließen möchte. Der Herr Geßheimerath v. Schubart hat durch die Abbildung seiner Kleefeimen, einen Theil meines Wunsches schon befriediget, und es würde diesem unermüdeten Manne, oder einem andern geschickten Oekonomen, der auf seinem Hofe gleiche Einrichtung hat, ein leichtes seyn, auch das übrige hinzu zu setzen, und in einem kleinen Traktat ans Licht zu stellen.

Nach meiner Idee würde dieses Büchlein enthalten müssen:

1) einen Grundriß eines Hofes, wo die Stallfütterung wirklich im Gange ist, worauf die Wirthschaftsgebäude, die Futterhöfe und der Platz, wo die Kleefeimen stehen, nach einen bekannten Maasstabe zu bemerken wären:

2) Eine Beschreibung des Grund und Bodens der Ländereyen.

3) Eine kurze Nachricht von der vorigen Einrichtung und dem ehemaligen Ertrage der Ländereyen.

4) Wie sich der jetzige Ertrag gegen dem vorigen verhalte.

5) Wie

Sechs und dreyſigſter Brief.

5) Wie die Felder jetzt eingetheilt, in welcher Ordnung ſolche beſtellet und bedünget werden, und wie viel Dünger auf 100 Quadratruthen zu rechnen? Ich denke jeder Acker müßte eine gewiſſe beſtimmte Ordnung der Saaten haben, welche unveränderlich bliebe.

6) Wie viel Vieh gehalten werden, und wie viel Fuder Dünger von jedem Stücke ohngefähr zu erwarten.

7) Wie viele Leute zum Ackerbau und ſonderlich zur Wartung des Viehes erforderlich ſind, und was ein jeder dabey für Geſchäfte habe.

8) Zu welcher Tageszeit das grüne Futter abgeſchnitten werde, ob ſolches in den Viehſtällen abgeworfen, oder in beſondere Gebäude auf Ricken oder auf den Boden geleget werden müſſe.

Ich habe vor vielen Jahren einige Kühe im Stalle gefüttert, weil ich nun gefunden, daß der eingefahrne grüne Klee, wenn er in Haufen geworfen, ſich leicht entzündet: ſo habe ich meine kleine Kleekämpe mehrere Jahre mit Klee ſtehen laſſen, weil ſich im dritten Jahre ſchon etwas Gras darunter zu finden pflegt, und Gemengſel nicht ſo leicht verdirbt.

9) Wie die Raufen auf dem Hofe eingerichtet werden, und ob auf dem Viehhofe mehrere Abtheilungen zu machen: weil ich bemerket, daß das Vieh, wenn es zuſammen auf den Hofe gehet, ſich oft an einer Stelle zum Futter drenget, und durch Stoßen alſo leicht Schaden leiden kann. Ich fürchte, daß ein Landmann ſelten ſo viele Gebäude und Hofplatz haben werde,

als

als eine solche Einrichtung erfodert, und wenn man die Kleefelmen ins freye Feld setzte, würde im Winter das mehrste abgeholt werden.

In verschiedenen Gegenden sind dergleichen Einrichtungen noch so neu, und dem Landmann's sind alle dabey vorkommende Handgriffe und Vorkehrungen so unbekannt, daß er sich aus den mehresten Nachrichten von der Stallfütterung, von deren wirklichen Ausübung eben so wenig einen Begrif machen kann, als wenn ich ihm ein Buch vom Weinbau geben, und verlangen wollte, daß er nach dessen Vorschriften einen Weinberg anlegen, und den Weinbau treiben sollte. Man hat einmal den Vorschlag gethan, den Bauer auf Reisen zu schicken, und im Ernst möchte es so übel nicht seyn, einige verständige Landleute an solche Oerter zu schicken, wo die Stallfütterung im besten Flor ist.

Sieben und dreyßigster Brief.

Anonymisches Schreiben, an von Kleefeld, d. d. Utopien, den 18 August, 1786, (nebst Beylagen 3. und 4.)

Ob ich schon Dero in Ihren Schriften geäußerten Grundsätzen zu Folge, befürchten sollte, daß eine anonymische Schrift Sie sogleich wider mich einnehmen, mich bey Ihnen unter die Zahl eines versteckten A. W. zu Pr. setzen, oder mir vielleicht wohl gar ein Plätzchen in des Hrn. Direktors Helnikens verkappten Pasquillantenjagd anweisen dürfte, so wage ich es doch, non quia littera erubescit, sondern der guten Sache gewiß, und der gänzlichen Unähnlichkeit mit jenen überzeugt, bloß in Hofnung, der guten Sache das Wort zu reden. Ihnen einen Brief nebst angefügten zwey Beylagen sub No. 3. und 4. zu übersenden. Woher dieses? von wem dies alles? dies zu erforschen, würden Sie sich die undankbarste Mühe von der Welt geben, genug, daß ich Sie um Vergeihung bitte, und daß Sie alles Postfrey erhalten. Das Faktum aber und die Sache selbst, so mich zu diesem Schritte veranlaßte, ist dieses.

Es hat Ihnen, mein verehrungswürdiger Herr Geheimerrath, beliebt, im zweyten Hefte Ihres vortreflichen ökonomischen Briefwechsels, der wegen seines interessanten Inhalts aller Aufmerksamkeit werth ist, und zwar bi der daselbst S. 157 befindlichen 33 Note eine Stelle des Leipziger Intelligenzblattes, dessen 10tes St. dieses 1786 Jahres, S. 76 zu extrahiren, ja selbige sogar mit einer der Wichtigkeit der Sache angemessenen

Anmerkung auf der folgenden Seite zu begleiten; mir aber dadurch eine Wunde aufzureißen, die noch nicht ganz verhaſcht war, so sehr ich mich auch bisher bemüht hatte, meinen Schmerz zu verbergen.

Zwar thaten Sie dieses als ein biederer, das allgemeine Beste liebender, und zu befördern suchender Mann, gewiß nicht absichtlich, mir meinen erlittenen Schmerz zu erneuern, da Sie jene Stelle so bona fide annahmen, und selbige so, wie sie war, zugleich mit abdrucken ließen. Allein nichts destoweniger scheinen Sie mir so ganz nicht ohne Entschuldigung zu seyn; wenigstens haben Sie mir indirekte meine noch nicht ganz verharſchte Wunde, durch Ihren zweyten Heft, und besonders durch die darinnen befindliche angeführte Stelle von neuen aufgerissen, und mir dadurch neuen Schmerz über erlittenes Unrecht, verursacht. Hier sind meine Gründe.

Zuförderst möchte Ihnen ja schon das Daseyn dieses Satzes unter dem Artikel der Anfragen nicht wenig auffallend seyn, da Sie selbst oft laute Klagen in Ihren Schriften, wenn ich nicht ganz irre, führen, daß man nicht leicht hier was aufnehme, was nicht im Kram diene, — das heißt doch wohl: wodurch das Publikum auf den Schaden der Trifleidenden aufmerksam gemacht werden könnte? welches freylich durch eine genaue Darstellung des Verlustes mit Zahlen, nicht Deflamation, sollte es auch nur der Verlust eines einzigen Mitteljahrs seyn, auf der einem, und des so ganz unbeträchtlichen Gewinnes auf der andern Seite geschehen muß.

Sieben und dreyßigster Brief.

muß. Mir würde gewiß dabey eingefallen seyn: was soll Saul unter den Propheten?

Hätte aber das Ungewöhnliche und das Auffallende der Sache Ihnen schon eine Art des Mistrauens erregen müssen; so mußte dieses ferner auch durch die Stellung dieser seyn sollenden Anfrage so wohl, als durch die fehlerhafte Einkleidung derselben nicht wenig gestärkt werden, wenn Sie Ihr sonst so scharfes Auge nur einigermaßen anstrengen, und nicht vielleicht ein bischen übereilt hätten handeln wollen.

Ich sage die Stellung, der Frage schon, mußte Ihnen verdächtig vorkommen. Belieben Sie nur das 10te Stück des Leipziger Intelligenzblattes dieses Jahrs, bevor Sie hier weiter lesen, S. 76, nochmals in die Hand zu nehmen, und den ganzen Artikel VIII. durchzulesen: muß Ihnen hier nicht gleich der Gedanke einfallen, daß man den Einsender dieser Anfrage zwar auf der einen Seite, vielleicht, weil man ihm nicht recht traute, den Willen thun, und sie nicht ganz mit Stillschweigen übergehen, oder bey Seite legen wollen, daß man sie aber doch, so wichtig sie auch immer ist, so zwischen ganz unbedeutende und unbeträchtliche andere einschalten wollen, damit sie eben sowohl, als die beyden vorhergehenden vom täglichen Ansehen sich ausnehmen, und wie jene, von den Oefen, und von der längst bekannten Düngaufbewahrung in den Ställen, die mehr ökonomische Faulheit und Unverstand, als Fleiß und Einsicht verräth, aber doch Herkommens und Observanzmäßig in jenen Gegenden ist, überschlagen, und um so weniger beherziget werden möge? Warum wurde meine Anfrage, da sie unter allen in

Ee 4 diesem

diesem Stück vorkommenden fünf Anfragen gerade die wichtigste war, nicht zuerst oder zuletzt gestellt, sondern gerade in die Mitte zwischen ganz unbedeutende? Sollte nicht Ihr Auge die Hyder hier entdeckt haben?

Eben so wenig durfte auch die Sache selbst der Schärfe Ihres Blicks entgehen, wenn Sie sich derselben bedienen wollten. Ich fodere Sie hiemit auf, mein verehrungswürdiger Geheimerath, ob Sie wohl mit der größten Anstrengung alles Ihres Scharfsinns in dem quästionirten Aufsatze gedachten Intelligenzblattes, auch nur eine Art von Anfrage, außer daß er dem Artikel von Anfragen einverleibt steht, entdecken können? Ist es nicht vielmehr offenbar, daß diese wichtigste unter allen bisherigen Anfragen des Intelligenzblattes, weil sie Menschenwohl und zwar des größten und unentbehrlichsten, mithin des wichtigsten, ob schon bisher sehr vernachläßigsten Menschengeschlechts zur Absicht hatte, blos als ein pium desiderium; mitten unter unbeträchtliche, ganz überflüßige, und einem jeden nur mittelmäßigen Menschenverstande leicht zu beantwortende Anfragen hingestellt worden, ja blos deswegen so hingestellt worden sey, damit sie dieses und nichts anders seyn und bleiben möge, ich meyne pium desiderium? wo finden Sie denn irgend eine Anfrage? fast scheint es, daß es in unsern erleuchteten Zeiten Leute gebe, denen eine Anfrage: ob es besser sey, die Asche täglich aus dem Ofen zu nehmen, oder sie ein paar Tage länger darinnen zu lassen? wichtiger und der Frägform würdiger sey, als eine Anfrage über die Erforschung des Schadens, den die triftleidenden Bauern im Verhältniß des Vortheils

der

der triftberechtigten Guthsherren, durch Fortsetzung und
Beybehaltung der Huth, Trift und Brache erleiden.
Quis tam coecus, etc.

Hierzu kommt endlich noch dieses, daß Sie durch
Anführung jenes unter den Anfragen des gedachten Intelligenzblattes hingestellten pii desiderii, eine wohllöbliche Intelligenzanstalt gleichsam tacite possessioniret haben, die ihr eingesendeten Aufsätze, so untadelhaft sie
auch immer seyn mögen, qua dictator nostri aevi, um-
zuschmelzen, und in eine Ihrer patriotischen Denkart
eigene und gemäße Form, pro lubitu, zu gießen. Was
würden Sie, mein guter Herr Geheimerrath, jedoch
caeteris paribus, zu einer solchen Umformung Ihrer
Schriften sagen, wenn Cajus oder Sempronius, oder
beyde zugleich, dergleichen und zumal wider ihren Sinn
und Meynung sich herausnehmen oder erlauben wollten?
würden Sie nicht in diesem Falle sich berechtiget glauben, gerechte Klagen deswegen führen zu dürfen?

Es thut mir indes leid, daß ich Sie, aus ange-
regten Gründen zugleich mit in diese laute Beschwerde
verwickelt sehen, und Sie um eine Art von Satisfaktion hiedurch auffodern muß, weil Sie blos indirekte
und gut gemeinter unschuldigerweise Theil an der Auf-
reißung meiner noch nicht ganz verharschten Wunde, hatten. Aber ich traue es Ihrem biedern Sinne und
Denkart, die Ihnen selbst Ihre ärgsten Feinde, ver-
kappte und offenbare, mit Grunde abzuzweifeln nicht
vermögend seyn werden, zu, daß Sie zur Ehre der
Wahrheit, die endlich doch Ihre Rechte behaupten, und
in ihrer Liebenswürdigkeit sich zeigen wird, so wie zu

mehrerer Untersuchung einer für die Oekonomie so wichtigen Frage, die eine wohllöbliche Leipziger Intelligenzanstalt, vielleicht weil man keine Satyre auf sich selbst schreiben mochte, jedoch unbefugter Weise umzuformen sich anmaßte, einem verehrlichen und unpartheyischen Publiko durch weitere Bekanntmachung derselben, Gelegenheit verschaffen, und dadurch meine, von Ihnen aufs neue aufgerissene Wunde gefälligst verbinden und heilen werden.

Das Quomodo? überlasse ich lediglich Dero eignem :bellebigen und weisen Ermessen, ob ich schon den Wunsch nicht bergen, noch die ergebenste Bitte zurück halten mag, daß Sie solches ehestens, und wenn es möglich ist, in Dero versprochenen dritten Hefte Ihres so vortreflichen ökonomischen Briefwechsels, und durch Einrückung dieses und beygefügter beyder Beylagen, thun möchten. Bey Ihrer Denkart und Grundsätzen, jeden zu lassen, was sein ist, glaub ich nicht nöthig zu haben, das absit manus profana hinzusetzen zu dürfen. Dagegen darf ich mir aber auch schmeicheln, daß ich, um Sie von meiner geraden, aufrichtigen und menschenfreundlichen Denkart überhaupt, so wie von der Wahrheit und Aufrichtigkeit aller hier vorkommenden Sachen zu überzeugen, Ihnen bey meinem Inkognito, keinen andern Beweiß, im Falle des Mißtrauens geben dürfe, als daß es mit meiner völligen Genehmigung geschehen kann, ja ich bitte selbst darum, daß Sie, sage ich, vor Aufnahme dieses, mit oft erwähnter wohllöblichen Intelligenzanstalt über diese Sache kommuniziren, und beygehende Beylagen abschriftlich daselbst vidimiren lassen.

Nach

Sieben und dreyßigster Brief.

Nach dieser meiner, Ihnen verehrungswürdiger Herr Geheimerrath, gethanen möglichen Legitimation, bleibt mir für diesmal nichts mehr hinzuzufügen übrig, als daß ich, nicht weil es so Mode ist, sondern mit völliger Zustimmung meines Verstandes und Herzens mich unterschreibe, u. s. w.

———————

Beylage

Beylage. Num. 3.

Promemoria!

Es hat eine wohllöbliche Intelligenzanstalt von jeher den Ruhm der Unpartheylichkeit zu behaupten eben so sehr sich bemühet, als selbige Aufklärung zu befördern und gemeinnützige Sachen allgemein bekannter zu machen bemüht gewesen ist. Dies vorausgesetzt, trägt ein fleißiger Leser der Intelligenzblätter kein Bedenken, beykommenden kleinen Aufsatz denselben zu übermachen, mit der ergebensten Bitte, selbigen unter dem Artikel von Anfragen in dem Leipziger Intelligenzblatte ein Plätzchen zu verstatten. Die Frage, dünkt mir, ist nicht ganz aus dem Stegreife herbeygerafft, sondern wie ich versichern darf, eine Folge stiller Betrachtung, über den Lauf der Dinge in unserm Jahrzehend. Der Verfasser derselben mag nicht gerne mit seinem Namen paradieren, daher kann er sich nicht deutlicher als mit den ersten Buchstaben desselben bezeichnen, und Ihnen als billigen und unpartheyischen Richtern, die mehr auf die Sache als auf die Person sehen, kann die Verschweigung desselben auch eine sehr gleichgültige Sache seyn. Ich habe es sogar bey diesem Inkognito unterlassen wollen, die Gebühren für die Einrückung dieser Zeilen mit hinzuzufügen; nicht, als ob ich an der Unpartheylichkeit und Geneigtheit zur Aufnahme zweifelte, sondern weil dieselben dergleichen Zudringlichkeiten, bey gemeinnützigen Aufsätzen großmüthigst und ernstlich, nur neuerdings verboten haben.

Ohne

Sieben und dreyſigſter Brief.

Ohne alſo irgend eine andere Abſicht bey dieſer Anfrage und deren Beantwortung zu haben, als die Befeſtigung der Begriffe eines großen Theils des Publikums vom wirklich Schädlichen und Nützlichen, wiederhole ich meine Bitte, im Vertrauen auf Dero ſonſtige Bereitwilligkeit und Unpartheylichkeit, mit Verſicherung, daß ich mit vorzüglicher Hochachtung ſey, u. ſ. w.

Beylage

Beylage. Num. 4.

Ein Kosmopolit, der die *) Leipziger Intelligenzblätter und besonders deren gemeinnützige Anzeigen bisher mit eben der Aufmerksamkeit gelesen, mit welcher er den wegen seines kraft und wahrheitvollen Inhaltes allgemeiner bekannt zu werden verdienenden Aufsatz erwogen hat, welcher im ersten Stück des deutschen Museums vom Jenner 1786, und zwar No. 6. S. 29 ff. befindlich ist, siehet sich aus Gründen veranlasset, einem verehr-

---

*) Zu desto besserer Uebersicht für diejenigen Leser, welche weder die Leipziger Intelligenzblätter noch den von Kleefeldischen ökonomischen Briefwechsel zweyten Heft bey Händen haben, um nachzulesen, in welcher umgeschmolzenen Form die Anfrage im erstern eingerücket worden, wird solche hier wörtlich mitgetheilet.

„Man schreibt viel von den Schaden, den die Rit„tergutsschäfereyen durch Aufhebung der Trift, Hu„thung und Brache leiden würden. Nun fragt man „auch, wie der Schaden der Triftleidenden zu berech„nen sey? Eine Bilanzrechnung über beyderseitigen „Vortheil und Schaden mit Zahlen ausgedruckt, um „nicht in bloßes Geschwäze zu verfallen, wird alles „in ein erwünschtes Licht setzen, freylich nicht über „Ideal-Lagen, sondern über ein wahres Rittergut und „triftleidende Dorfschaften. Eine richtige, auf Er„fahrung gegründete Beantwortung und Auseinander„setzung, wird zur Aufhebung der Trift und Huthun„gen, an Orten, wo es sich einrichten lässet, das „Mehreste und Beste beytragen, und Annehmung ge„wisser festzusetzender Trift und Huthungsgelder am „ehesten befördern".

Sieben und dreyſigſter Brief.

verehrlichen Publikum nachfolgende Anfrage zu thun, und um geneigte Beantwortung derſelben zu bitten. Woher mag es doch wohl kommen, daß man jetzt bey der ſo allgemein vorwaltenden Kontrovers, wegen Abſchaffung der Huth, Trift und Brache, nur immer den eingebildeten Schaden, dem Publikum durch mancherley Aufſätze, vorzuſpiegeln ſuchte, den die triftberechtigten Guthsbeſitzer wegen ihrer überſpannten Schäfereyen dadurch zu erleiden befürchten, in Anſehung des Schadens und des Verluſtes aber, den die Triftleidenden durch Beybehaltung jener ertragen müſſen, ohngeachtet dieſe den Staat eigentlich unterſtützen, Stärke und Anſehen geben, und gegen die Guthsbeſitzer wie Tauſend gegen Eins ſich verhalten, ein tiefes und gänzliches Stillſchweigen beobachtet? wollte ein Kosmopolit dieſe ohnmasgebliche Anfrage ſeiner Aufmerkſamkeit werth achten, und das Reſultat derſelben in dieſen Blättern, oder ſonſt dem Publikum mitzutheilen ſich geneigt finden zu laſſen: ſo würde man nicht ermangeln, ſo wohl beſonders, als öffentlich, demſelben den wärmſten Dank dafür abzuſtatten.

―――――

Acht

Acht und dreyſigſter Brief.

Schreiben des Herrn Advokat Johann Friedrich Clauß, an von Kleefeld, d. d. Wechmar bey Gotha, den 14 April, 1786.

Im Jahre 1776 ſchrieb ich angefügte Piece über die Frage: ob die Verpachtung der Domainen beſſer, als die Verwaltung derſelben ſey? Und ich hatte dabey ſo wenig die Abſicht als Beruf, den Poſten eines Schriftſtellers dadurch zu erlangen. Blos die wärmſte Theilnehmung an der Lage des großen Theils im Kummer und Dürftigkeit lebenden Landmannes hieſiger Gegend, und der Verfall ſo vieler brauchbaren Mitglieder und Familien des Staats, womit die Wochenblätter ſeit vielen Jahren immer angefüllt ſind, hatten mir, da ich mit dieſem bösartigen Fieber des verſiegenden Landmannes und mit ſeinen Entſtehungsurſachen in meiner Lage ſo ziemlich bekannt bin, ſchon längſt die Gelegenheit gegeben, darüber zu denken, ob dieſe politiſche Uebel in einer abſoluten Nothwendigkeit beruheten? oder in wie ferne ſie nur relativ auf Zeit und Umſtände wären, und nicht allein gehoben und abgeſtellet, ſondern auch zu einer größern Glückſeligkeit umgeſchaffen werden könnten? Ich war aus Erfahrungen und Bemerkungen zwar ganz eingenommen und durchdrungen, daß der allgemeine Landmann und ſogenannte Mittelmann, der nicht im Ueberfluſſe und großen Vermögensumſtänden lebet, ſondern auf ſeine Grundſtücke vielleicht noch einige Kapitalzinſen alljährlich abzugeben hat, in Berechnung ſeiner in jetzigen Zeitlauf vervielfältigten Bedürfniſſe und

Aus-

Acht und dreyſigſter Brief.

Ausgaben, gegen das geringe Einkommen von ſeiner nach uralterlichen Schlendrian fortführenden Wirthſchaft bey aller Sparſamkeit nicht wohl beſtehen könne, und daß bey ſeinen vermehrten Ausgaben auch ſein Einkommen vermeert werden müſſe, wenn er nicht immer mehr zurück kommen, ſondern ſeinen Wohlſtand, wie jedem guten Hauswirthe geziemet, noch verbeſſern ſollte. Es ſchien mir aber gar nicht allzuſchwer, geſchweige unmöglich, der geſunkenen Glückſeligkeit des abgezehrten Landmannes wieder aufzuhelfen, und ſich zu einer gröſſern Glückſeligkeit zu erheben, wenn er ſich nur entſchließen könne und wolle, allen erſinnlichen Bedacht auf die Vermehrung und Verbeſſerung ſeines Viehſtandes, und die dazu unumgänglich nothwendige Erzeugung der bekannten edlen Futterkräuter, des Klees, und der Eſparſette zu nehmen, da hieraus am geſchwindeſten ein erhöheter Fruchtertrag nach dem andern, und eine erhöhetere Geldeinnahme nach der andern möglich iſt. Denn wer kann ſich nicht aus Beyſpielen hieſiger Gegend überzeugen, daß der Ruin nicht allein einzelner Familien, ſondern auch ganzer Orte ſeinen Grund, hauptſächlich in dem vernachläßigten hinlänglichen Viehſtande, dem Mangel gehöriger Düngung und Beſtellung der Felder, und dem daraus nach und nach gefolgten gänzlichen Unwehrte der Grundſtücke und des totalen Miskredits hat? wer wollte aber auch ſo kleinmüthig ſeyn, und noch zweifeln, daß der Wohlſtand ſolcher Familien und ganzer Orte nicht ſollte wieder hergeſtellt werden können, wenn ſie ſich dieſer Hülfsmittel mit Thätigkeit bedienen, jene Fehler verbeſſern, vermeiden, und ihr Einkommen, nach vernünftgen Regeln zu vervielfältigen ſuchen? ge-

Viertes Heft.   Ff   wiß

wiß nur der Mangel richtiger Kenntniß und Erfahrung von ihrer Wirksamkeit kann nur Zweifler entstehen lassen. Männer von wahrer Einsicht und Erfahrung treten gewiß nicht mit an diese Stelle.

Nur aber die zwey großen Steine des Anstoßes standen einer so günstigen Aussicht meines Bedünkens entgegen:

a) Wie sollte und möchte sich der an älterlichen Vorurtheilen und dem Herkommen klebende Landmann am leichtesten entschließen, alle seine Kräfte zu einer so heilsamen Absicht gegen seinen und den väterlichen Schlendrian anzuwenden?

b) Wie möchten die großen Feinde des thüringischen ländlichen Wohlstandes, Huthen, Triften und Brache, welche der Ausführung so heilsamer Entzwecke immer die größten Hindernisse setzen, am besten und leichtesten zu besiegen seyn?

Denn wer dem Landmann nach seinen Gesinnungen bey Neuerungen gegen väterliche Sitte und das verschiedene Kammerinteresse in seiner Verbindung mit den Pachtern kennt, der wird solche Aufschlüsse so leichte nicht achten, als sie vielleicht scheinen. Hierbey scheinen mir indessen keine Mittel, selbst Prämien und Gesetze nicht so wirksam, als aufgestellte Beyspiele, welche die Nützlichkeit und den Vortheil einer so ersprießlichen Sache deutlich vor Augen legen und beweisen; um diese, wie alle andere nützliche Verbesserungen der Landwirthschaft gemeinnützig und endlich auch den Vortheil von Aufhebung gemeiner Huth, Trift und Brache

ein-

Acht und dreyſigſter Brief.

einleuchtend und kennbar zu machen. Denn keine theoretiſche Demonſtration, ſondern nur der Vortheil, welchen der Landmann mit Augen ſiehet und mit Händen greifet, in der Verbindung mit dem, den Menſchen eigenen Triebe ſich glücklicher zu machen, beweget ihn am erſten zur Nachahmung einer Neuerung.

Die Aufſtellung ſolcher Beyſpiele zur Nachfolge aber konnten nach meiner Ueberzeugung von niemanden geſchwinder, einleuchtender und mit mehr Nachdruck und Vortheil, als ſelbſt von den Kammergüthern geſchehen, und für wem könnte es auch wohl mehr Pflicht ſeyn, da nicht allein die Unterthanen dadurch beglückter gemachet, ſondern auch ſelbſt die Revenüen derſelben dadurch vermehret werden können, folglich der Staat dadurch in allen Betracht reicher und glücklicher wird.

Eine Menge Schwierigkeiten ſtellten ſich dieſem meinen Plane freylich entgegen. Solche meine Lieblingsgedanken für das gemeine Wohl, hatten aber zu tief gewurzelt. Meine Ueberzeugung von der Richtigkeit ſolcher Grundſätze, war zu hoch geſtiegen, und in ſolcher feurigen Laune ſchrieb ich, ohne weitere Rückſicht aus vorigen Geſichtspunkten, bey müßigen Abendſtunden dieſe, und nachhero auch noch die zweyte angebogene Piece, von der Nutzbarkeit und Nothwendigkeit eines allgemeinen ökonomiſchen Lehrbuches *), welches, meines Bedünkens, jene Maßregeln noch mehr unterſtützen,

---

*) Beyde, ſo wie die Bemerkungen zu Einrichtung vortheilhafter Malzdarren, ſind herausgekommen bey Hieronymus Gradelmüller. Erfurth, 1776.

stützen, und den Landmann auf den rechten Weg weisen sollte und konnte. Wie meine Gedanken dabey entstunden, suchte ich zugleich mehrere Vortheile, welche mit der Verwaltung der Domainen verbunden seyn können, besonders die so heilsame Fruchtpreisdirektion, deren Nützlichkeit und Nothwendigkeit zum gemeinen Wohle die vorherige landverderbliche große Theurung, im Jahre 1771 gelehret, mehr kennbar zu machen, ohne auf Schreibart, Einkleidung und schriftstellerische Einrichtung zu denken. Ich ließ diese flüchtigen Gedanken in solchen Eifer und Empfindung auch drucken, und dedicirte sie so wohl Ihro Herzogl. Durchl. zu Gotha, als ich sie auch einigen Gönnern und Freunden behändigte. Wie ich aber die dem Glücke und den projektirten Entwürfen unangemessene Eigenschaft habe, weder Schmeichler, noch zudringlich zu seyn, andere Geschäfte, Zerstreuung und Umstände inzwischen eintraten, und meine Zeit verkürzeten, auch mir in ruhigerer Laune endlich der Gedanke aufstieß, daß, so sehr ich mich von der Richtigkeit meiner Grundsätze überzeugt fände, ich die Ausübung derselben dadurch dennoch wohl nicht beförbern, sondern mich vielleicht nur ein oder andern Beoder Verantwortung, oder Vorurtheile, wo nicht gar Verdrusse aussetzen dürfte, welche Folge Ew. ꝛc. bey den besten und rühmlichsten Bemühungen über diesen Gegenstand auch selbst empfunden zu haben, nicht in Abrede sind; so habe ich solche Piecen seit dem als Makulatur liegen lassen.

Nun aber kommen mir endlich Ew. ꝛc. zum Glücke und Wohle der Menschheit geschriebene ökonomisch-kameralistische Schriften, ob schon ganz verspätet, zu Gesichte.

Acht und dreyſigſter Brief.

ſichte; da mir die Geſchäfte in meinem Fache wenig Zeit übrig laſſen, Schriften außer dieſer Gränze zu leſen. Und was Wunder, wenn die Triebe in ſolcher meiner Lieblingswiſſenſchaft mit einmal alle wieder erwachen und ſich verdoppeln? ich leſe ſie, und leſe ſie natürlich, mit mehr als allgemeinen Vergnügen, da ſie mein ganzes von vielen Jahren her in mir geſchwebtes ökonomiſches Syſtem, ſo weit es aus dieſen kleinen Aufſätzen und bey der dermaligen Frage erhellen kann, nicht allein beſtätigen und erſchöpfen, daß Ew. ꝛc. und jeder Leſer meiner Piecen leicht auf den Gedanken verfallen könnte, daß ich, deren Hauptinhalt aus Hochderoſelben preißwürdigen Schriften entwendet, wofern nicht die vorgedruckte Zueignungsſchrift und die Zeit mich von ſo einer Unternehmung frey ſprächen, ſondern Sie der Welt die praktiſche Ausübung ſolcher Grundſätze zum völligen Beweiſe nicht auch ſchon vor Augen gelegt hätten. Wundern Ew. ꝛc. ſich alſo nicht, wenn ich Sie als Gönner und hohen Freund ſchätze und achte, ehe Sie mir ſolches zu erkennen und Erlaubniß dazu gegeben, und wenn ich anddurch ſogleich, als ich nur den erſten Band Ihrer ſchönen Schriften durchleſen, ſo frey bin, Hochdenenſelben ſolche meine kleine Aufſätze zur gütigen Durchſicht und Beurtheilung zu überreichen. Denn wenn es unter Geſchöpfen Sympathie giebt, und wenn aus der Uebereinſtimmung der Geſinnungen eine Art von Zuneigung entſtehen kann, ſo hoffe ich, mich in dieſer Avantage nicht zu täuſchen. Ew. ꝛc. haben im Ganzen gethan und ausgeführet, was ich vorlängſt gewünſchet, und wozu ich in dieſen Piecen nur einigen

Grund mit zu legen bemühet war, wozu mir aber günstigere Gelegenheit mangelte.

Ich kann nicht bergen, daß durch Ew. ꝛc. schöne überzeugende Schriften und herrliche praktische Beweise meine verschiedentlich unterdrückt gewordenen Triebe für die Landwirthschaft und deren Verbesserung ganz wieder aufgelodert worden, und daß ich mich fast noch entschließen würde, diesen meinen eingestäubten Aufsätzen nunmehro noch eine besondere Abhandlung, durch was für Mittel der so herrliche Kleebau in hiesigen Gegenden nach unsern ländlichen Verfassungen meines Bedünkens leicht und untrüglich gemeinnützig gemacht werden könnte, beyzufügen, und sie dem hiesigen Publiko vorzulegen, wenn Ew. ꝛc. mein Bemühen nicht ganz unwürdig und vergeblich achten sollten. Denn ist ein so edles Kraut und dessen Nützlichkeit nur erst gemeinnützig, siehet und greift jedermann die Vortheile davon einmal mit Händen, und werden alle Einwendungen dagegen durch Erfahrung und in die Augen fallende Beweise entkräftet, so dünket mir die endliche große Reform, die Abstellung der Brache, Trift und Huthwaide desto leichter zu seyn. Würden dieses Falles auch meine Bemühungen und Vorschläge in ihrer Art fruchtlos seyn, so dürften sie doch vielleicht den Vortheil haben, daß Ew. ꝛc. vortrefliche Schriften und unwiderlegliche Beweise, welche im Ganzen schon alles erschöpft, manchem Freunde der Landwirthschaft, welchem sie noch unbekannt sind, mehr oder eher bekannt würden; insoferne ich Erlaubniß hätte, wo es schicklich, mich darauf zu beziehn; meine Anpreisung würde vielleicht ein oder den andern

Acht und dreyßigster Brief.

andern Freund, und dieser wieder den dritten und vierten für die häufigere Erbauung der so heilsamer Futterkräuter einnehmen, wie ich denn auch schon an dem Orte, wo ich einigen Klee angepflanzet, mehrere Nachfolger gefunden habe.

Geruhen Ew. ꝛc., es übrigens auf Rechnung einer besondern Verehrung und Zutrauens zuschreiben, auch es gnädig zu entschuldigen, daß ich Sie unbekannter Weise und überdieß so weitläuftig dadurch zu behelligen mich unterstehe, da ich meiner Veranlassung und einige weitere Ursachen meiner Denkungsart nicht mit Stillschweigen übergehen mögen. Eben diese Verehrung wirket in mir aber auch den Wunsch, die Avantage Ihres gütigen Andenkens und Wohlwollens zu genießen, und diese zu erlangen, war mir nur dieses, die nächste und beste Gelegenheit. Denn wenn Ew. ꝛc. in meinen Bemühungen und Aufsätzen auch nichts als den guten Willen zur Beförderung einer guten Absicht fänden, so würde mich dieses vielleicht schon entschuldigen. Sollten sie aber so glücklich seyn, einen größern Grad des Beyfalls zu erreichen, so würde es mich um desto mehr bewegen, meine mir vorschwebenden Entschließungen zu realisiren. Ich bin zwar ein Mitglied von demjenigen Stande, welchem Ew. ꝛc. im ganzen genommen, eben nicht allezeit gewogen sind, denn ich bin Jurist, Advokat. Ich bin Hochderoselben Meynung, aber auch in diesem Betrachte, ganz treu, und meine Gesinnungen weichen kein Haar breit davon ab, der ich verharre, u. s. w.

Neun und dreyßigster Brief.

Schreiben des Herrn Prof. Schummel in Liegnitz, an von Kleefeld, d.d. den 7 März, 1787. Nebst Beylage 7.

Ob Sie meinen Namen und meine kleine Schriften kennen, weiß ich nicht! Es könnte indessen wohl seyn, wenigstens stehen wir in Meusels gelehrten Deutschland nicht weit von einander. Aber ich kenne Sie und Ihre Schriften, das ist gewiß, und zwar von zwey Seiten! Erstlich als Oekonom. Ich selbst bin zwar keiner, aber unter unsern jungen Leuten auf der Akademie sind immer einige, die sich derselben widmen, und ich habe mir immer ein Vergnügen daraus gemacht, das junge Völkchen auf seinen ersten Schritten zu gängeln. Zweytens kenne ich Sie — aus dem Anti St. Nicaise: wenige Worte, die dort aus Ihren Briefen stehen, haben treulich dazu beygetragen, mich von gewissen Schwärmereyen zu heilen, in die ich schon tief versunken war. Wundern Sie sich daher nicht, daß ich es wage, an Sie zu schreiben. Vor zehn Jahren wäre vielleicht bloß meine Absicht gewesen, mich an einen berühmten Mann zu hängen. Jetzt thue ich doch etwas bessers, indem ich Ihnen beygehenden Brief originaliter mittheile. Sie werden daraus ersehen, daß Sie in Schlesien Verehrer haben, die praktisch Ihren ökonomischen Pfad betreten, und daß die unsichtbare Schubartische Kette so elektrisch ist, um auf der Stelle Funken der Wohlthätigkeit zu schlagen. War Pastor Scholz kein Schubartianer, der Edelmann hätte ihm

Neun und dreyſigſter Brief.

ihm ſchwerlich ſeine Scheune bauen laſſen. Ich bin ſo eben dabey, nicht nur dieſe Anekdote in unſern Schleſiſchen Provinzialblättern bekannt zu machen, ſondern auch den Paſtor Scholz anzufeuern, ſeine ökonomiſchen Erfahrungen öffentlich mitzutheilen. Das weiß ich nur, daß auf ſeiner Pfarre ſonſt jeder Hunger leiden mußte, der nicht eigenes Vermögen zuzuſetzen hatte. Er hingegen, hat den Boden ſo verbeſſert, und den Ertrag ſo erhöht, daß es ihm an nichts, als an einer neuen Scheune fehlte, die er nun richtig hat.

Wären Sie jemals in Schleſien geweſen, ſo könnte ich mich ziemlich darauf verlaſſen, daß Ihnen mehr als einer geſagt hätte: Schummel iſt ein ehrlicher Mann. Da das aber wohl nicht iſt *), ſo mag ich mich auch nicht einmal auf die Ausſteckung der — Fahne verlaſſen, die leider gegenwärtig ein ſehr zweydeutiges Ding geworden, und Ihnen es längſt geweſen iſt, eh ich noch an — und an — dachte. Blos auf den Fall, wenn etwa (welches ich grade am wenigſten beurtheilen kann), mein Brief und mein ganzer Einfall an Sie zu ſchreiben, ſo ganz die Miene der Trugloſigkeit hätte, daß in Ihren Herzen kein Mistrauen aufkommen könnte — blos auf dieſem Fall, den zweyten eingeſchloſſen, daß es Ihnen Zeit und Umſtände erlaubten, mir zu antworten, wäre ich freylich begierig genug zu wiſſen. Was denkt Schubart von — ? So viel weiß ich bereits, daß

---

*) O ja! nur in den neuern Zeiten nicht, aber in dem 1750er Jahrzehend, befand ſich der Verewigte zu verſchiedenen Zeiten, Jahre lang, in Schleſien.

daß der Prozeß in Berlin nichts Heimliches an den Tag bringen wird, wie es vorher zu sehen war, denn dieser Prozeß war wohl von Haus aus weiter nichts, als Nothschuß und Diversion. Sie, würdiger Mann, haben früher als irgend einer, die Exherren gewittert, und Ihre Weissagung ist in Erfüllung gegangen: „die Zeit „macht alles helle,, und keine künstliche Decke hält so „lange, daß sie nicht einmal reißen sollte". Von Ihnen etwas über — — zu lesen, wahrlich, das lohnte der Mühe. Aber ich begreife leicht, daß Sie das wohl schwerlich thun werden.

Noch ist mir der Verfasser des A. St. N. unbekannt. Ist denn sein Name ein so gar großes Geheimniß? mich dünkt, er sollte hinter den Vorhange hervortreten und — Nothbatterie demontiren! Es geschehen jetzt auf allen Seiten Attaken auf die Schwärmerey, und doch reichen sie noch lange nicht hin, sie zu verscheuchen. Auch in Schlesien ist bereits nach dem Magnetisme perfectionne' desorganisirt, und die Kranke hat richtig den Verstand darüber verloren. Sie sehen aus diesem wenigen, daß sich schon Stoff finden würde, mich mit Ihnen zu unterhalten. Aber ich fürchte, Sie sind krank oder überladen mit Arbeit, also sey dies Briefchen nur vor der Hand Monument meiner Ihnen längst geweihten unverfälschtesten Achtung und Liebe, mit der ich stets seyn werde, u. s. w.

Beylage.

Beylage. Num. 5.

Schreiben des Herrn Pfarrer Scholze zu Heidau bey Parchwitz in Schlesien, an Herrn Professor Schummel zu Liegnitz, d. d. den 18 Febr. 1787.

Gute edle Thaten, so recht aus biedern Herzen entsprungen, zeigen, daß die Menschen immer hie und da noch besser sind, als sie der schwermüthige Mitmensch finden will. Lautere, reine, ohne heimliche schiefe Nebenabsichten nur nützliche Handlungen, der Mann, der sie erwiesen, sey auch noch so fremde; ausgehoben aus dem menschlichen täglichen Wirken, und dem Menschenfreunde zum Theilnehmen, zum Frohseyn unter den Zenen des Elends in der historischen Chronik aufgestellt, — das sollte doch wohl eine angenehme Abwechselung für die Gefühle des Menschenfreundes seyn?

Und nun, mein lieber Herr Professor! auf Ihren guten Herzens=Boden, will ich zum beliebigen Gebrauche, eine so schöne als gute That übertragen.

Sie wissen, daß ich in einer armen Gemeine lebe. Man schaudert vor den Gedanken! Armen auf irgend eine Art beschwerlich zu werden. Jede Beschwerde mit Unkosten macht sie noch mehr arm. Diese Hinsicht hat mich schon seit mehrern Jahren abgeschreckt, meine drückenden Bedürfnisse erfüllt zu sehn. Lieber hab ich bisher zum großen Schaden allein gelitten, als andere wollen durch mich leiden machen. —

Eine Erweiterung meiner Scheune zum zweckmäßigen Benutzen des Segens Gottes, den seine Allgüte mir auf Verbesserung meiner Wiedemuthsäcker zufließen lässet, war schon seit mehrern Jahren das große Bedürfniß auf meiner Seite.

Unseren besten König durch allerunterthänigste Bittschriften, die unzählbare Menge noch stärker anzuhäufen, hat mich die tiefste kindliche Ehrfurcht immer zurück geschreckt. Unter diesen dreyfachen langsamen Gefühlen wankte ich seit einigen Jahren oft sehr bewegt einher, als so recht das göttliche Veranstalten auf einmal plötzlich dazwischen trat.

Um mir Bewegung zu machen, reiste ich eines Tages nach Parchwitz. Ich trat in dasiger Apotheke ab, besuchte meinen Freund Kunze, fand daselbst einen fremden Herrn, den ich in meinen Leben nicht gesehen noch gekannt hatte. Dieser Herr hatte mit seinen Fuhrwerk nicht über die Oder gekonnt, mußte sich also, um seine Reise zu verfolgen, zu Fuße mit seinen Bedienten von Aufhalt bis nach Parchwitz machen, um dort Extrapost zu seiner fernern Reise nehmen zu können, und war indessen an eben diesem Orte abgetreten. Gerade zu der nämlichen Zeit mußte ich auch da seyn, — so aus Zusammendrang unbeabsichtigter Umstände, auf Seiten der handelnden Menschen, erhält oft die uns in Verborgenen regierende Vorsicht ihre Absichten!

Das Gespräch lenkte sich bald auf wirthschaftliche Angelegenheiten. Dieser fremde Herr verrieth in seiner Unterredung sogleich Bekanntschaft mit dem von Schubartischen System, hörte aus meinen wenigen wirthschaftlichen Pröbchens, daß ich diesen Helden in der

neuen

Acht und dreyßigster Brief.

neuen Oekonomie auch verehrte, und wünschte, mich daher näher um sich zu haben.

Meine Bedürfnisse und die daraus für mich entstehende Noth, sah er sogleich lebhaft ein. Er fragte, warum mir nicht ein Stück Scheune gebauet würde? meynte, im Kleinen hätte man nicht viel zu verlieren. Ich sagte ihm dann meine obigen Bedenklichkeiten. Er billigte sie als gut gedacht; setzte aber sogleich hinzu: „was „Gutes muß man fördern, ich schenke Ihnen das dazu „nöthige Holz, schicken Sie zu mir, und lassen sich's „holen. Es lebe Schubart! bleiben Sie Schubartisch „gesinnet. Besuchen Sie mich einmal, leben Sie „wohl, ich halte Wort!" — Gesagt, gethan! sechzehn Stämme, die nach der Erkenntniß des Zimmermeisters dazu noch erforderlich waren, sind bereits von meinen armen Bauern angeführet worden, und der Bau kann nun bis auf allerhöchste Beförderung vollzogen werden.

Das war doch reine, lautre That, aus edlen Herzen entsprossen? einander das erstemal sehen — die Bedürfnisse und die großen Hindernisse in ihrem Umfange fühlen — Gutes gerne mit williger Seele fördern — von Worten eben so geneigt zur That übergehen — dies war die schöne edle That, die ein edler Herr von Tschepe auf Kunern so großmüthig gegen einen Fremdling auf der Stelle vollzog! Heil Ihm, dem würdigen Menschenfreunde! und Gotteslohn mehret gewiß seine ewigen Freuden! Wahrlich, es trifft ihn:

Was

Was er den Fremden hier gethan
Dem Kleinsten auch von diesen,
Daß sieht dort mein Erlöser an,
Als hätt' er's ihm erwiesen.

So Schubartisch war der edle Herr von Tschepe, daß, wenn er mit sich und seinen Unterthanen nach jenes Grundsätzen, seine Absichten erreicht hätte, so wollte er das Bildniß des edlen Herren von Kleefeld aushauen und über sein Schloß setzen lassen. So ehret der unpartheyische Wahrheitsfreund die noch sehr verkannten Verdienste eines verehrungswürdigen Wohlthäters der Menschheit! u. s. w.

Neun und dreyſigſter Brief.

Schreiben des Fürſten Karl Egon von Fürſtenberg, an von Kleefeld, d. d. Prag, den 17 Febr. 1787, (mit Beylage G. und H.)

Mit innigſten Vergnügen habe ich Dero Schreiben von 7ten geleſen. Gott gebe, daß Ihre Geſundheitsumſtände ſich Tag vor Tag beſſern mögen. Niemand kann hieran einen wärmern Antheil nehmen, als ich.

Es ſind in zwey hieſigen gedruckten Blättern Nachrichten enthalten, die ziemlich erheblich ſind. Die eine betrift die von dem Grafen von Künigel, auf ſeinen Guthe Bezdinkau, in Klattauer Kreis eingeführte neue Wirthſchaft. Ein — hieſiger, Namens Spies, ſoll dorten die Direktorsſtelle vertreten. Die zweyte betrift Lahna, ich ſchicke Ihnen in der Beylage die Abſchrift davon.

Leben Sie wohl, mein ſchätzbarſter Freund, und bleiben Sie von jener aufrichtigen Freundſchaft und Hochſchätzung verſichert, mit der ich ſtets bin, u. ſ. w.

Beylage.

Beylage. Num. 6.
Auszug aus den Prager interessanten Nachrichten von 10 Febr. 1787.

Merkwürdige Anzeige aus Böhmen, von 20 Januar, 1787.

Schon vielmals haben Sie Ihren Lesern das Vergnügen gemacht, in Ihren Blättern ökonomische Nachrichten einzurücken; vielleicht giebt folgendes Ihnen wieder Stof, sich dieser Klasse von Lesern aufs neue verbindlich zu machen, auch durch ein glückliches und wahres Beyspiel den schlafenden Oekonom zu gleicher Industrie aufzuwecken. — Auf der Herrschaft Bezdickau, in Klattauer Kreise, des Königreichs Böhmen, wird jetzt die Oekonomie mit einen Eifer und einer Thätigkeit betrieben, welche die Aufmerksamkeit des ganzen Kreises auf sich zieht. Der jetzige Besitzer des Guthes, Herr Appellationsrath Graf Künigel *), hat im vorigen Jahre 7 Zentner Kleesamen in die Brache säen lassen. Er hat allen seinen Unterthanen vom geringsten Häusler bis zum größten Bauer diesen Saamen unentgeltlich ausgetheilt, und jeder von ihnen besitzt jetzt ein Stück Kleefeld; von dessen Ertrag er künftigen Sommer sein sonst auf

---

*) Dieser Herr ist schon längst allen Menschenfreunden dadurch bekannt, daß er vereint mit andern Patrioten zu Prag ein großes Waisenhaus errichtete, und erst jetzt wieder, mit lauten Beyfall des großen Josephs beehrt, der Stifter eines Taubstummen = Instituts wurde.

auf der Huthwaide schmachtendes Vieh reichlich füttern
kann. Würde jede Obrigkeit diesem edlen Beyspiele
folgen, und dem Unterthanen den Kleesaamen unentgeltlich austheilen, so würde das Vorurtheil, daß hie und
da der Landmann noch gegen den Kleebau heget, bald
verschwinden, und die Viehzucht in Böhmen sehr vermehrt werden. Da der Herr Graf überzeugt seyn
muß, daß der Dünger die Seele des Feldbaues ist, so
sucht er nicht allein seinen Viehstand zu verbessern, sondern er sorgt auch für hinlängliches Futter, um jenes
den Winter hindurch reichlich nähren zu können. Ich
erstaunte, als ich im Herbste dort war, über die Menge
Runkelrüben, Wasserrüben, Kohlrüben und Erdäpfel,
die dort alle als ein Winterfutter für das Vieh, ohne
Schaden des Feldbaues erbauet worden. Sein schönes
Schafvieh suchte er, durch Stöhre von spanischer Art,
noch mehr zu veredeln. In dem Hauptmaierhofe Bezdinkau, steht ein ganzer Stall voll Kälber, die das
herrlichste Wachsthum versprechen, und in der Zukunft
seinen Kühstall ansehnlich vermehren werden. In einem neuen sehr geräumigen und schönen Stalle stehen
jetzt 52 Stück Ochsen auf der Mast, denen man die gute Wartung und Pflege ansieht, und die, wie ich höre,
künftiges Frühjahr nach einem bestimmten Schätzungs-
preise lizitando an die Käufer sollen veräußert werden.
Da das Mastvieh immer noch rar ist, weil noch manche Güterbesitzer ihr Heu anstatt selbst zu verfüttern,
lieber verkaufen, so wird es ihm wohl nicht an Käufern
mangeln. Zum Behuf dieser Mastung hat er ebenfalls
ein großes Brandweinhaus errichten lassen, wo Tag und
Nacht ein wirklich recht guter und schon in der ganzen

Gegend berühmter Brandwein gezogen wird. In allen herrschet übrigens Ordnung, und der Oekonom bewundert solche vorzüglich in der dort neu errichteten gepflasterten Düngstätte, in welcher der Mist besonders ordentlich eingeschlichtet wird, und neben welcher eine ebenfalls neu gemauerte Senkgrube angebracht ist, in welche sich die Sudel hinein zieht, und als ein herrliches Düngmittel auf die Wiesen geführet wird. Auch Vater seiner Armen ist dieser verehrungswürdige Graf, ohne daß seine Unterthanen etwas dazu beytragen dürfen, versorgt er selbst jeden Dürftigen auf seiner Herrschaft. Er nährt und kleidet nicht allein die unmündigen Waysen, sondern läßt sie auch zu künftigen Oekonomen erziehn. Uebrigens wird es in Böhmen in Ansehung der Oekonomie sehr helle. Die Herren Grafen: Clam, Czernin, Kollowrath, Marzin, Lanius, Barons Hildprandt, Bellotti ꝛc. treffen auf ihren Güthern die schönsten Einrichtungen, und versprechen uns das virgilische Zeitalter.

Beylag:.

Neun und dreyßigster Brief.

Beylage. Num. 7.

Auszug eines Briefes W., den 1 Februar.

Ich war in Lahna, sah vier Feimen von Klee, und ohngefähr hundert muntre Lämmer. Da, wo ehedem 44 Kühe sollen gestanden haben, sind nunmehr 280 Stück Rindvieh. Das ist doch allerdings der Aufmerksamkeit werth. Mehr Futter, mehr Vieh, mehr Dung, wovon, wenn mir recht ist, 3500 Fuhren diesem Winter ausgeführet worden, wie die Felder jedem durch und dahin Reisenden zeigen. Nun soll mich auch niemand mehr durch Schwatzen irre machen. Wo ich mehr Futter sehe, da steigt sicher eine neue Schöpfung hervor. — Das ist aber das Wohlthätige für Böhmen nicht ganz. Die ökonomische Schule wars, die ich eigentlich näher kennen lernen wollte. Ich gestehe es, ich war selbst in der Vorlesung, die eben vom Mergel handelte, und wo sowohl ausländische, als inländische Mergelarten vorgezeigt, ihre Güte aus den römischen alten und neuen Schriftstellern erklärt wurde. Mir fiel besonders die Stelle vom Agrikola auf. In Bohemia et Turingia agricolae marga non utuntur; nec enim necesse habent, id perquirere, quo abundant. Es muß allerdings jeden Patrioten Böhmens erheitern, die erste praktisch-ökonomische Schule im Königreiche zu haben. Gott segne diese Anstalt, und kröne den Durchl. Fürsten von Fürstenberg dafür mit langen Leben! Man lud mich höflich zu Tische ein, so sehr ich auch eilte. Wir sprachen vom Kleebau und dem Plane der ökonomischen Schulen. Der Oekonomie-Direktor, Magister Stumpf, äußerte, daß die Theorie des Kleebaues noch nicht vollkommen ins Licht gesetzt sey. Man thue meist dem Klee zu viel oder zu wenig. Man müsse den Klee bürgen, und anfangs nach dem Klee zu der Frucht wieder mit Mist befahren*), wenn der Hiobsbothe nicht nachhinken sollte. Das kam mir spanisch vor; allein er erzählte mir so viele Beyspiele, die er gesehen und nicht gesehen hatte, daß ich meinen Verstand gefangen gab. Seine Eleven haben folgende Arbeiten:

1) Die Verfertigung des Wochenberichts, was im ganzen Zirkel der Wirthschaft an jedem Tage geschiehet.

2) Bemerkungen aus den gehaltenen Lektionen.

3) Auszüge aus den Büchern, die sie zum Lesen erhalten, wo eine sorgfältige Auswahl getroffen wird.

4) Eigene Abhandlungen, die jeder Praktiker wöchentlich über eine aufgegebene Frage zu machen hat, und am Mitwoch abgelesen und kritisiret wurden.

5) Arbeiten an Rechnungen und Journalen, sowohl wirkliche als ersonnene.

6) Ueberdies werden sie täg'ich in irgend einen Maierhof geschicket, um die Arbeitenden zu beobachten, die Robott und Taglöhner aufzuzeichnen und Aufträge zu besorgen, den Viehwärtern nachzusehen, u. s. w.

Da kein Bräuhaus in Lahna ist, so giebt es keine Gelegenheit, die Abende dem Trunk und den Spiel zu widmen, wie es leider in ganz Böhmen unter den Schreibern

---

*) Ist durchaus nicht nothwendig.

bern und Beamten Sitte ist. Der Direktor lieset nach eignen Heften, wo aber Beckmanns Grundsätze der Landwirthschaft zum Grunde liegen, mit dem Unterschied, daß durch Beckmanns Definitionen, nur Wortkenntnisse, und hier Sachkenntnisse erkläret werden.

Es ist bekannt, daß die meisten böhmischen Beamten nicht denkende Oekonomen sind; da ist an keine Lektüre, an keine ökonomisch gemachte Reise zu denken. Möchten doch aus dieser Schule lauter denkende junge Oekonomen hervortreten, zum Nutzen des Vaterlandes, zur Ehre dieser Anstalt!

Vierzigster Brief.

Schreiben des Hrn. Direkt. Martin Leinger, an von Kleefeld, d. d. Schloß Gießhübel, d. 13 Jan. 1787.

Ein guter Freund gab mir voriges Jahr im Karlsbad zum Geschenk Ew. ꝛc. ökonomisch-kameralische Schriften, und den Unterricht zur Abschaffung der Brache, vom Jahre 1786, weil ich eben ein Landwirth bin. Ich habe alles mit großen Eifer nicht nur gleich gelesen, sondern gab auch Unterricht, denen mir untergeordneten Bauern, die gleich begriffen, daß es ein altes Uebel sey, das Vieh zu waiden, woben fast der halbe Dünger verloren ist. Ich gab auch so ein und den andern Bauern, die doch einen Mutterwitz haben, diese zu lesen, und ich hatte die Frucht, daß selbe mich ersuchten, die Kleearten für sie zu besorgen, und weil die mehresten ihrer Nachbarn erst die Augen öfnen, wenn sie eine Probe vor Augen haben, so mochte ich nur der erste von Seiten der obrigkeitlichen Beamten seyn, der hiezu einen Aufwand machte. Durch die zwölf Jahre, als ich Pachter der Herrschaft Gießhübel bin, habe ich in drey Frühjahren die Futternoth empfunden; um mein Vieh am Leben zu erhalten, mußte ich in diesen drey Jahren schweres Geld auslegen, weil ich sonderlich auf den spröden und mosigten Wald-Wiesen, den nöthigen Bedarf nicht erbaute. Mein ordinairer Viehstand in sieben Maierhöfen, zwey Schäfereyen, denn zwey Hammelhöfen, bestehet zwar nur in 230 St. Melkkühen, 200 St. Kälben, 1100 St. Müttern und 1800 St. gelden Schafvieh, 2800 Str. Feldern; dann gegen 1500 Strich Wiesen. Allein, die letztern verlassen mich, und scheinen nicht mehr so ergiebig zu seyn, als es die Register meiner Herren Vorfahren

Vierzigster Brief.

fahren erweisen wollen. In diesen will ich gleich nach den künftigen Heumonath, der um Jakobi Zeit ist, anfangen zu stürzen; denn Heu wird nach hiesiger Art nur gesechset, das Grummet, welches wenig wächst, ist nicht der Mühe werth, und im Herbste, wegen beständigen Nebeln und nasser Witterung, nicht von den Wiesen zu bringen, und dann nach der Anleitung Esparzette im Frühling anbauen. Ich bin dessen versichert, daß die hiesigen Unterthanen, deren an der Zahl, groß und klein, 4788 Seelen sind, mir folgen, und ihr Glück suchen werden. Belangend aber die hiesige Gegend, so ist selbige ein Mittelgebirge, kalt, und das Klima gleichet der Gegend Schneeberg oder Eibenstock in Sachsen, der Unterthan aber ist ziemlich biegsam und arbeitsam, bis auf wenige, auf die man aber nicht siehet. Es ist nun meine gehorsamste Bitte, an Ew. 2c., daß Sie beliebeten, gegen dankbare Zahlung ein Quantum Kleesamen-Arten an meinen Freund, Herrn Baumgarten, nach Schneeberg, Churfürstlich Sächsischen Postkommissair, abbressiren zu lassen, mit der Note des Betrags, durch welchen Herrn Postkommissair eben die dankbare Zahlung folgen soll. Wäre es aber an dem, daß Sie, oder die verehrteste Familie der Karlsbader Kur zu seiner Zeit sich bedienen sollten, so stünde mein Haus zu Karlsbad, No. 31, zu Diensten. Im vorigen Jahre hatte ich die höchste Gnade, daß Zeit der Kur, die Durchlauchtigste Prinzeßin Maria Anna von Sachsen, Schwester Sr. regierenden Churfürstlichen Durchlaucht, darinnen wohnten, u. s. w.

N. S. Bey dem jetzigen Steuer-Regierungsgeschäfte in Böhmen, wo im Elbogner Kreise Hr. Oberverwalter der Kommeral-Herrschaft Schurz, Hr. Joh.

Braun als Kommissarius quo ad oeconomica angestellet ist, welcher schon lange Jahre mein Freund im Wirthschaftsfache war, hat selber mit Freuden erfahren, daß es mir eben geglücket hat, hiesigen Orts Grund und Boden einen höhern Werth zu verschaffen. Es lagen sehr viele Gründe zu zwanzig und mehr Jahren öde. Der Bauer konnte selbige nicht düngen und nutzen, weil bis jetzt dazu der Viehstand und Dünger mangelte. Da nun die Kirchenkapitalia dem Unterthanen aufgekündiget sind, welche bey dem Fundo publiko angeleget werden müssen, und zur Zahlung kein Rath vorhanden, so bot ich diese öden Gründe feil, weil sehr viele Häusler und Familien, weder eine Hand breit Grund und Boden besitzen, jeder sich aber etwas Grund wenigstens zum Erdäpfelbau wünschet. Es meldeten sich gleich Käufer, welchen ich den lange Jahre unnütze gelegnen Grund für Erben und Erbnehmer Grundbücherlich, mit der Bürde der künftig ausfallenden Steuer, verschrieb, und mit dem gelösten Gelde kam der Bauer von den Kirchenschulden, und hat dafür weiter nichts, als den Grund verloren, welchen weder er noch sein Vater nutzte. Die gewesenen Familien ohne Grund, werden bald den Nutzen empfinden, welchen Grund und Boden giebt, wenn er bearbeitet und gepfleget wird. Der alte Besitzer wird doch des künftigen Steuerbetrags enthoben, welchen dieser auch für den öden Grund hätte tragen müssen, wenn er denselben auch nicht verkaufet hätte. Der Hr. Braun hatte ein Vergnügen, da er seine Note d. Prag, vom 27 Dec. 1785, eingeschaltet gefunden hat.

———————

Eigene

Eigene Aufsätze

des Herrn Geheimenrath

Schubart von Kleefeld.

I.

An Sr. Churfürstlichen Durchlaucht zu Sachsen, von Schubart von Kleefeld, d. d. Würchwitz, den 23 März, 1784.

Die Stift-Zeitzischen Amtsfrohnen betreffend.

Ew. ꝛc. haben Ihren Sie mit Recht verehrenden Unterthanen, so unzählbare Beweise der erhabensten und wohlthätigsten Gesinnungen, und dadurch der Welt ehrfurchtsvoll bewunderte Beweise gegeben, wie ruhmwürdigst Sie Ihre eigene Bestimmung, Ihr eignes Wohl und Interesse, mit der unzertrennlichen Bestimmung und der Wohlfahrt Ihrer Länder und Unterthanen zu verbinden wissen: und dahero sind Bitten nie unerhört, Beschwerden nie unabgeholfen, Misbräuche nie entschuldiget oder gar begünstiget, am wenigsten aber Bedrückungen gestattet worden, die gleich dem gierigen Rachen reissender Hyänen das wenige Mark entkräfteter Unterthanen vollends verschlungen hätten.

Um so freymüthiger kann ich wagen, Ew. ꝛc. ein Gebrechen unterthänigst vor Augen zu legen, welches nahe an das der Landwirthschaft gleichsam tödliche Gebrechen der Huthung, Trift und Brache gränzet, und mit kaum glaublichen, mit ungeheuern Misbräuchen und Bedrückungen verbunden ist, und entweder das gänzliche Verderben der wohlhabensten Landleute, oder doch Auswanderung und ansehnlichen baaren Verlust nach sich ziehet.

Auch

Auch in dem Entferntesten betrift die Wirkung dieses Gegenstandes mich nicht, und kann mich schwerlich je betreffen. Ich bitte also nicht für mich, ich bitte für die sämmtlichen armen Stiftischen frohnbaren Amtsunterthanen, und bin also vom Schein eines Privatinteresses frey. Meine Vollmacht, mein Beruf dazu, ist dieser: daß ich in meinen abgelegten Lehnseyden versprochen habe, Ew. ꝛc. Bestes zu suchen, Schaden und Nachtheil aber abwenden zu helfen.

Die Art und Weise, wie diese Amtsfrohne ausgeschrieben, verrichtet, und wie äußerst wenig mit dieser Beschwerde zum Stiftsherrlichen Dienst gethan wird, konnte schon vor 15 Jahren, wo ich ein Bewohner des Stifts wurde, niemanden mehr und verkehrter in die Augen fallen, als mir, da ich als Königl. Grosbrittan. Kriegs- und Marsch-Kommissair bey der Armee, auch das Transport- und Fuhrwesen mit zu besorgen hatte, folglich mir die dahin einschlagende Einrichtungen, Geschäfte und Mittel der Erleichterung, worauf jeder rechtschaffene Diener von selbst bedacht seyn muß, in noch zu frischen Andenken waren.

Ich unterredete mich oft mit frohnbaren Bauern darüber, und jeder Unterricht, den ich empfieng, erregte in mir wahres Erstaunen, wie die an und für sich nichts weniger als sehr beschwerlichen Frohnobliegenheiten in solch eine fast unerträgliche Last habe abarten können. Deßer ich denn diese Bedrückung auf den im Jahre 1776 vorgewesenen Stiftstage zu Zeiz, neinen versammelten Mitständen zur Beherzigung vorlegte, welche

che denn auch in der Präliminarschrift als ein Gravamen aufgeführt, und in der Entledigung §. 24 mildeste Abänderung desselben gnädigst versichert wurde.

Es ist auch besonders am Stiftstage 1781 mehrmalen vorgekommen, und das Stift verehret Ew. ꝛc. gnädigste Gesinnungen darinnen, mit dem allerehrerbietigsten Danke.

Nichts destoweniger ist von 1776 an, bis heute noch keine Abänderung und Erleichterung erfolget, der arme Unterthan leidet im Gegentheil noch viel härter, als irgend jemals. Er wird von Jahr zu Jahre ärmer; der Pferdestand vermindert sich immer fort, und in solcher Lage sind die noch Pferde haltende Bauern genöthiget, die ihrigen gleichfalls abzuschaffen, und ihre Wirthschaften mit Kühen zu bestreiten, woraus am Ende, wenn solchergestalt weder Militair- noch Kriegs- oder andere Landesfürstl. Fuhren mehr verrichtet werden können, der Einfluß auf Höchst Dero Provinzen äußerst nachtheilig werden, und die immer mehr und mehrere Verminderung der Pferde ebenfalls erfolgen muß; weil natürlicher Weise die vom ganzen Staate zu tragende, solchenfalls proportionirliche wenigere Last, einer weit geringern Anzahl, als ein unerträgliches Uebergewichte auf den Hals gefallen; woraus bey Mangel des Gleichgewichts für höchst Dero sämmtlichen Staaten ein unheilbarer krebsartigen Schaden erfolgen dürfte.

Ich würde mich glücklich schätzen, wenn die Thatsachen in dieser meiner patriotischen unterthänigsten Vorstellung

stellung Ew. ꝛc., wo nicht von der unwidersprechlichen Wahrheit, dennoch von der höchsten Wahrscheinlichkeit überzeugen, und Dero menschenfreundliches Herz zum Erbarmen für die äußerst gedrückten Stiftischen Unterthanen rühren könnte; ich hoffe dies um so mehr, als es Ew. Churfürstlichen Durchlaucht gnädigst gefällig gewesen, dem Stifte ohnlängst dadurch einen abermaligen Beweis Ihrer mildesten Vorsorge zu geben, daß Sie geruhet, des Herrn Grafen von Werther Excellenz, den Posten eines Kammerdirektors anzuvertrauen. Dieser Herr hat in der kurzen Zeit seines Direktoriums schon so viel laut redende Beweise seiner tiefsten Einsicht, unermüdeten nutzbarsten Thätigkeit, Ordnungs- und Gerechtigkeitsliebe, abgeleget, und sich die Liebe und das Vertrauen der Unterthanen dergestalt zu eigen gemacht, daß sie mich ersuchet, frey zu gestehen, wie sie in Seinen großen Tugenden einen mitwirkenden Erlöser aus ihrem Elende, und dagegen einen mächtigen Beförderer der Wohlfahrt des gesammten Stifts erhalten zu haben glauben.

Aus den wenigen hier angeschlossenen Beylagen No. A. B. C. D. E. F. G. H. die mir von den Gemeinden zugestellet worden sind, ist ersichtlich, daß im Ganzen genommen

1) sämmtliche vorhandene Amtsfrohnbare Pferde im ganzen Stifte durchs ganze Jahr wöchentlich Einmal, und oft bey Anfahrung der Deputate auch durch 4. 6 Wochen zweymal ohne Rücksicht auf Zeit, Wetter und Weg zur Frohne verschrieben würden, deshalb in
ganzen

ganzen Strichen oft nicht ein einziges Pferd zu Hause wäre, womit sie ihren Nachbarn bey entstehenden Unglücksfällen zur Hülfe und Rettung zueilen könnten.

2) Ihnen in der Frühjahres- und Herbstsaamen-Zeit, nicht mehr wie sonst gewöhnlich gewesen, vier Wochen Rast gelassen, wodurch sie an der Einsaat gehindert worden wären.

3) Bey der Straßenbaufrohne keine gehörige Disposition zur Erleichterung und Beförderung der Arbeit, sondern vielmehr, wie man nicht anders muthmaßen könne, zur Beschwerde und Verlängerung der Baue gemacht werde, immaßen die im Norden nöthige Pferde aus Süden, und die im Süden nöthige Pferde aus Norden beordert worden, wodurch die ihnen so kostbare Zeit, ganz ohne Nutzen verschleudert werde.

4) Müßte nach litt. B. No. 5. Sand für den Ziegelbrenner nach Granau angefahren werden, welches sonst nie geschehen.

5) Nach A. No. 1. und B. No. 6. genöthiget würden, starke Balken von 40 Ellen Länge zum Wasserbau, und 6 spännige Eichen zu Mühlwellen, anzufahren, die doch nachher zerschnitten und nicht dazu gebraucht worden wären, wozu sie gesollt hätten.

6) Nach B. No. 7. ein Einspänner mit seinem verschlagen gehabten Pferde Frohne thun, und da er, um es nicht zu tödten, sich genöthiget gesehen, einen Ochsen dazu zuspannen, von letztern 2 Rthl. Frohngeld geben müssen.

7) Nach

7) Nach B. No. 10. drey Bauern, wegen der unerträglich schweren Frohne ausgespannet und ihr Feld mit Kühen bestellten, wovon sie 18 gr. Frohngeld erlegten, weshalb sie, die Pferdebauern, die sich dadurch nicht vermindernde, sondern vielmehr immer stärker anwachsende Frohne statt der Kuhbauern, bestreiten, und also schon dadurch doppelte Last tragen müßten, und daher nach No. 11. ihnen beym Steinfuhren an die Strassen, ein zu bestreiten unmögliches Tagwerk auferlegt würde, welch alles sie in der Folge nicht aushalten könnten, zumal da mehrere Stiftische Unterthanen, die Wege gefunden, sich von der Frohne loszumachen, ohne einmal Kuhfrohngeld zu geben; auch die gewesenen Zwey-Pferdner sich Ein tüchtiges Pferd anschaffen, und unter dem Vorgeben, wie sie kein Geschirre hätten, sich unter die Schuttkarnfrohnen zu bringen, und es dahin einzuleiten gewußt hätten, daß sie dann und wann etwa einmal einen Karn voll Schutt aus dem Schlosse führten; welche große Verminderung der Frohnpflichtigen Pferde, durch Zusammenhaltung und Untersuchung der vorigen Frohnregister gegen die jetzigen, besonders der Schuttkarn- und Kuhfrohnregister, mit einem Blick, und zugleich die ihnen nun zugewachsene Leibeigenschaft mäßige verdoppelte Dienste zu ersehen seyn würden.

8) Nach C. No. 2. liederliches Gesindel von Zeit nach Weide, welches zu Fuße gehen können: nach No. 3. aber Schneideklötzer nach Zeitz in die Mittelmühle anfahren müssen, da sie doch zur Herrschaftlichen Mühle nach Breitenbach zwey Stunden näher gehabt. Das Vorgeben

geben des dasigen Müllers, daß er die Kammerarbeit nicht bestreiten könne, sey Unwahrheit, indem er theils einen Brett- und Lattenhandel für sich trieb, theils aber für Ausländer, besonders an einen Bretthändler nach Lucka im Altenburgischen, jährlich große Quantitäten lieferte.

9) Nach D., die ausgeschriebenen Kammerklaftern nicht ins Schloß, sondern in die Stadt fahren und abladen müssen; die Backwitzer Anspänner aber sogar, bereits ins Schloß angefahren gewesene Scheidte, wiederum heraus und an einen Brandteweinbrenner gefahren, welche Fuhren ihnen dann als eine Frohndienstfuhre angerechnet worden, dergleichen Schleichfrohnen auch auf manche der Arten geschehen, z. B. daß von den Bürgerbauplätzen durch Frohnen der Schutt vor die Stadt gefahren worden. Welcher äußerst schwere Mißbrauch bey einer Untersuchung mehrfältig entdecket, und sich auch zeigen würde, wohin und an wen geschnittene Materialien aus der Schneidemühle gebracht würden, durch mehr unerträgliche Lasten den Zweydrittel von ihnen bereits ausgespannet hätten, und nur noch ein Drittel Pferde hielten, wodurch sie genöthiget würden, auch auszuspannen.

10) Nach E. und F. *) dergleichen Beschwerden über die allzuhäufigen Frohndienste, und der wöchentlich zwey=

---

*) Da die mit Buchstaben bemerkten Beylagen der unterthänigen Vorstellung im Original beygefüget worden: so können Abschriften davon nicht mitgetheilet werden.

zweymaligen Deputatholzfuhren, welche nicht an die Deputatisten, sondern an die Bürger in die Stadt kämen, ingleichen die Fuhren mit lüderlichem Gesinde nach Weida, wiederholet worden, weshalb auch, da sie überdem mit schweren Ritterguthsfrohnen belastet wären, die sie in der Saamen- und Erndtezeit verrichten müßten, und nicht wie sonst zu solcher Zeit einige Verschonung von der Kammerfrohne hätten, einige ausgespannet hätten, die sich denn bey dem abzutragenden wenigen Frohngelde weit besser als sie befänden, und daher nie wieder Pferde anschaffen würden.

Wenn nun aus diesen Beschwerden der Unterthanen von allein sechs Dörfern, maßen etliche 20 dergleichen Aufsätze und Anzeigen von den übrigen Dörfern bey dem Ständischen Condirektor von Gersdorf auf Zangenberg liegen, wovon man keinen Gebrauch machen können, klärlich erhellet, daß

A. in Betref der Deputate die Stücken und Haufen von dergestaltiger Größe wären, daß ein vierspänniges Bauergeschirr sie zu fahren nicht im Stande, sondern sechs Pferde dazu erforderlich wären, sodann auch die für Dero Kammer und Deputatisten ausgeschriebene und bestrittene Fuhren nicht an ihre Bestimmungsorte kämen, sondern anderwärts abgeladen werden müßten, worüber sie sich um so weniger allerhand Gedanken enthalten könnten, als es mehrmalen geschehen, daß der verstorbene Kammeraufwärter Vogel von einem und dem andern 16 bis 20 gr. angenommen und die Fuhren als geleistet angesehen habe, wobey

bey sich in Uebersicht aufs Ganze, und die hie und da vorgehenden höchst unverantwortlichen Unterschleife, die sie, um sich Erleichterung zu verschaffen, aus Noth gedrungen, selbst mitmachen helfen müßen, der Schluß sich gar leicht machen ließe, warum die Frohndienste aller Art so unglaublich häufig, und der vom hohen Kammerkollegium beabsichtigten Verrichtungen und Erfolge so äußerst wenig geschehen sey,

B. in Ansehung der Herrschaftlichen Schneidemühle

Jahr aus, Jahr ein, eine so große Menge Bäume und Klötze von ihnen dahin angefahren werden müßten, daß die Verbrauchung der daraus geschnittenen Materialien ganz unmöglich seyn könne; es müßte denn seyn, daß davon ganze große Magazine vorräthig wären, welches aber nach ihrem Ermessen auch nicht seyn könne, weil sie die aus gedachter Mühle ins erste Schloß angefahrene Bretter und Latten noch eben so grün, als sie hinein gekommen, wiederum aufladen, und nach Nikelsdorf ins Forsthaus fahren müßten, bey welcher Anstalt ihnen die Frohnen gleichsam muthwillig verdoppelt und verdreyfältigt worden wären.

C. In Absicht des Wasserbaues

müßten sie das Holz von dem so weit entlegenen Nikelsdorfer Theile holen, und größtentheils an

solche

solche Grundstücke fahren, welche an die Kammer verkauft oder verschenkt worden wären, wie z. B. an das Pfauderische und das am Pradelschen Furth, welche, und besonders das erstere unmöglich so viel werth seyn könnte, als der jährliche Bauaufwand, ungerechnet des großen Schadens, betrüge, welcher höchst Dero Forste durch Hinwegschlagung einer so äußerst großen Menge Stangen erwüchse, da 1090 Fuder Stangen und ander Holz nicht zureichen könnten, welche sie schon dahin gefahren, und nach der tadelhaften Art, wie dieser Bau betrieben würde, noch würden hinfahren müssen, immaßen dieser Wasserbau mit dürren Holz und Faschinen, um so mehr äußerst unökonomisch wäre, als er zu ganz unrechter Zeit veranstaltet würde, da doch in der Nähe grünes Holz genug vorhanden, welches mit der größten Ersparniß dazu verwendet, und davon solche lebendigwerdende Einzäumungen gemacht werden könnten, wodurch dieser der Kammer äußerst kostbare, und den Fröhnern äußerst beschwerliche Wasserbau endlich einmal aufhören, und nur dann und wann eine kleine Reparatur nöthig seyn würde. Wobey noch zu gedenken, daß wenn sie kämen und aufladen wollten, die Stangen nicht umgeschlagen und die Faschinen nicht gehackt wären, und also leer wieder zurück fahren müßten, welches nur neuerlich im gegenwärtigen Winter 60 bis 70 Pferden also begegnet. Belangend

D. die

D. die Straßenfrohne.

So verriethe auch diese Disposition darüber, so wie andere mehr die größte Unüberlegtheit und Sorglosigkeit, oder den bestimmten Vorsatz, die Fröhner ganz zu verderben. Wie die Straßen dem neuerlich emanirten Höchsten Straßenbaumandat entgegen im Stifte ausfähen, liege jedermann vor Augen, und dennoch sey die Menge der dazu erpreßten Frohndienste fast unglaublich. Nirgends wären sie gut, als etwa von Zeitz aus, einen kleinen Spaziergang weit, von der Mittelmühle bis an die Langnaue. Sie würden aber bey der Besserungsart, wie sie geschähe, immer schlecht bleiben, und wenn auch sämmtliche Frohnpferde durch 300 Tage hinter einander dazu aufgeboten würden. Denn wenn eines Theils die im Forststriche liegende Fröhner nach Zangenberg und weiter hin, die von Zipsendorf, Wuiz, Sabissa ꝛc., aber am Forststriche, ja sogar 3 Meilen weit bis nach Nikelsdorf beordert würden, folglich täglich kaum ein- oder zwey Ladungen machen könnten, andern Theils aber denen über das Frohnwesen Gesetzten Stroh, Mist, Erdäpfel und dergleichen, fahren müßten; so könne es nicht anders kommen, als daß dergleichen täglich mehr um sich greifende Misbräuche, den geraden Weg zu ihrem gänzlichen Verderben führten. Das die allerschlechtesten Straßen in die besten verwandelt werden könnten, hätten sie an der Straße nach Naumburg gesehen, welche der Thüringische Kreishauptmann, Herr von Zedtwitz, in den besten Zustand habe setzen lassen. Sie wünschten nur, daß im Stifte ein Gleiches geschehen, und der Straßenbau auf solche Weise verrichtet werden möchte; so wollten sie sämmtlich ihre äußersten Kräfte dazu anstrengen. Denn auf solche Weise hörte es doch einmal auf, da sie im Gegentheil jetzt unaufhörlich damit geplaget wären, und doch nie etwas tüchtiges gemacht würde.

E. Bey der Granauischen Ziegelscheune

eine ganz neue Erfindung ersonnen worden, derselben Frohndienste zu verschaffen, die nie gewesen, und nie gebilliget werden würden. Da sie unter dem Vorwande Reparaturführen zu thun, dahin verschrieben würden, und sodann Lehm und Sand zu Verfertigung der Ziegeln anfahren müßten. Es wäre ihnen ohnehin beschwerlich genug, daß sie vor selbige, da sie doch Ziegeln außer Landes nach Gera verkaufte, alles Holz anfahren, wieder andere die Ziegel vorerst ins Schloß schaffen, und wieder andere dieselben von da in die Stadt bringen müßten, und endlich

F. das Pferdefrohngeld,

welches ein Anspänner, im Fall er mit seinem Pferden verunglückte, oder ein neues Gebäude aufzuführen genöthiget sey, erlegen müßte, ebenfalls sehr drückend wäre, da er zwar, jedoch nach vielem Kostenaufwand, endlich für jedes Pferd 3 Rthl. Frohngeld zu entrichten begnadiget würde,
solches

solches Frohngeld aber keinesweges zur Erleichterung der übrigen Unterthanen, die doch des begnadigten Dienste verrichtet, angewendet, und eben so wie

das Kühfrohngeld

zu Höchst Dero Kammerrevenüen geschlagen würde, die Anspänner aber unmöglich glauben könnten, daß Ew. ꝛc. Churfürstliche Durchlaucht nach Dero angestammten Milde und Gnade, an dergleichen unkammeralistisch und wahren Finanzgrundsatzwidrigen Plusmacherey einen Wohlgefallen hätten, immaßen es der natürlichen Lage der Sache gemäß, daß nicht nur blos einigen frohnbaren Amtsunterthanen allein, sondern allen denen, welche steuerbare Grundstücke besitzen, eine gemeinschaftliche und gleiche Mitleidenheit zukomme, folglich, wenn besondere Umstände eintreten, die den einen oder den andern nöthigten, ihre Pferde abzuschaffen, und ihre Grundstücke mit Kühen zu bestellen, daß von ihnen zu erlegende Frohndienstgeld, auch blos zu Uebertragung der gemeinschaftlichen Last verwendet werden müsse, und in sofern die gemeinschaftlich zu leisten habende schweren Dienste, immer die nämlichen blieben, ohne die härteste Ungerechtigkeit nicht zu den Kammereinkünften geschlagen werden könne, weil daraus nun die vor Augen liegende Bedrükkung entstanden, daß, da ein großer Theil ihrer Mitfrohner ihre Pferde abgeschaffet, sie die Last für jene tragen, und sich daher schlechterdings

Hh 4 auch

auch entschließen müßten, nach dem Beyspiele jener, ihre Pferde ab- und sich Zugkühe anzuschaffen, als welches Mittel ihnen nur allein übrig blieb, ihre Güther, sich selbst aber bey Ehren zu erhalten.

Wie nun aber, Gnädigster Churfürst und Herr! die Beschwerden dieser armen bedrängten Unterthanen allerdings gegründet genug sind, und sich gar nicht absehen lässet, daß eine solche außerordentlich große, wöchentlich zu stellende Anzahl Pferde zu Höchst Dero Dienst gebraucht werden könne, maßen mitten im Frieden

das Dorf Sabissa von seinen 12 bis höchstens 14
  Frohnpferden   480
Wulz, von 8 bis 12, auch manchmal 15 Pferden,
  besage G.   377
und Loitzsch, besage A.   562
   Summa, 1419 Pferde

jährlich hat stellen müssen, eine Summe von 3 zum Theil kleinen Dörfern, die ich während meines Kriegs- und Marschkommissariats, mitten im Kriege, aus okkupirten und als feindlich angesehenen Ländern, in Proportion des kleinen Stifts, wahrlich kaum zur Hälfte habe stellen, und wie leicht zu ermessen ist, ganz andre Dienste damit verrichten lassen.

Das Verzeichniß der im ganzen Stifte ehemals und dermalen vorhandenen sämmtlichen Frohnpferde: das Register über die täglich und wöchent-
             lich

lich ausgeschriebene Pferde, und das Manual über die wirklich geleisteten Dienste, wozu? wenn, wie, wo, und was sie verrichtet? muß ausweisen, ob diese Frohnen Höchst Deroderselben menschenfreundlichen Gesinnungen gemäß, mit Billigkeit und Milde, den Staatsgrundsätzen, folglich von Dero Unterbedienten mit Vernunft, Verschonung, Erleichterung und der Absicht ihrer der Unterthanen, und des Staats Erhaltung gemäß, gebrauchet, oder ob sie ärger als Leibeigene behandelt worden sind.

Leider! hat das Stift von diesen gemißbrauchten Frohnwesen traurige Erfolge von Auswanderungen, Bankrutten, Verlust des baaren Vermögens und innerlichen Entkräftung, genug aufzuweisen:

Ich will dermalen nur nach der Beylage H. ein einziges Beyspiel aufstellen, nach welchem das Dorf Wuiz seit 30 Jahren nur allein fast 14000 Fl. an Ausgewanderten und Weggeheiratheten verloren, wogegen nichts zurück gekommen, weil kein benachbarter Altenburgischer Bauer seine Tochter ins Stift verheirathet, diejenigen Familien aber, welche ja herüber ziehen, von Haus aus armes und größtentheils untaugliches Volk ist. Da nun alles dies angeführte, dem ganz entgegen, was der Ausdruck Staatsinteresse in sich begreift.

So hab ich mich im Gewissen verbunden und verpflichtet gefühlt, Ew. Churfürstlichen Durchlaucht ein solches zur weitern gnädigsten Beherzigung und ernsthaften Untersuchung unterthänigst vorzustellen, und submissest zu bitten, Höchst Dieselben wollen zur Erhaltung und Wiederherstellung der Wohlfahrt Ihrer dermalig größtentheils armen Stiftischen frohnbaren Amtsunterthanen, mildest geruhen, die bisher eben so mangelhaft als unbillig, folglich mit willkührlichen Bedrückungen verbunden gewesene Einrichtungen gänzlich aufheben, und dagegen die Frohndienste zu Bewirkung einer gleichen und unpartheyischen Mitleidenheit, nicht auf die vorhandene an der Krippe stehenden Pferde, sondern auf die Hufen und Aecker vertheilen, und von diesem die Frohndienste zu Bewirkung einer gleichen und unpartheyischen Mitleidenheit bestreiten, auch diejenige nöthige, an sich leichte, faßliche und unbeschwerliche Einrichtung treffen zu lassen, welche die Partheylichkeit und Unterschleife unmöglich macht, woraus denn ohne Zweifel die guten Folgen entstehen werden, daß

1) alle Frohndienste, wie sie Namen haben, ohne merkliche Beschwerde, und beynahe blos mit demjenigen Aufwand bestritten werden können, was den Unterthanen gegenwärtig nur die Wagenschmiere, das Zehrgeld, Futtersäcke, Axte, Beile, Exekutionsgebühren und andere Geldsporteln, Pfandgeld und ruinirtes Schiff und Geschirre

schirre kostet, ohne die große Versäumniß in ihren Wirthschaften zu rechnen.

2) Diejenigen Stiftischen Grundstücke, welche Altenburgische, Geraische und andere nicht im Stifte wohnende Besitzer, zur rechtlich und billigen Mitleidenheit gezogen werden.

3) Die Einführung der Pferdezucht, womit, zumal da der Futterbau vom glücklichen Fortgange ist, bereits von verschiedenen bedeutende Versuche gemacht worden, ins Große getrieben, und dadurch nicht nur Geld ersparet, sondern auch fremdes eingebracht, hiernächst

4) die armselige, der Oekonomie sehr nachtheilige Bestellung der Felder mit Kühen, wieder ab-, dagegen aber Pferde wieder angeschaft werden, und bey etwa nöthigem Gebrauch für die Armee, und sonst vorhanden sind. Endlich aber überhaupt

5) der bisher ganz unterjochten Amtsunterthanen traurige und kummervolle Lage in Wohlstand verwandelt, Einfluß aufs Stift und alle übrigen Stände und Handwerker in denselben haben möge, wodurch sich vielmehr Fremde herein, als hinaus wenden werden. —

II.

II.

Votum, welches Schubart von Kleefeld über ein Cirkulare an die Ritterschaft gegeben, nach welchem die Rittergüther, wenn sie ihre Produkte außer Landes fahren, oder ihre Bedürfnisse von daher einbringen, Geleite und Landaccis geben sollen.

Würchwitz, den 5 August, 1786.

Da der Grund und Boden dasjenige ist, wovon alle Menschen leben, so kann ich nach den natürlichen Rechten und den Grundsätzen der Staatswirthschaftskunst nicht absehen, warum unter der Produktion aus dem Boden der Rittergüther und dem Boden der Bauern ein Unterschied gemacht, und ersterer zum Nachtheil der letztern von einer auf natürliche Gleichheit und Billigkeit gegründeten Abgabe zur Bestreitung der Staatsbedürfnisse befreyet seyn will und soll?

Observanz, Gewohnheit und Herkommen, zum Vortheil einzelner Menschen, gelten, in so fern das Ganze oder auch nur ein anderer und dritter Staatskörper dabey leidet, nach meinen Grundsätzen nichts, da sie wieder die natürliche Gleichheit und die Absicht Gottes streiten. Ich werde meine Grundsätze, wenn sie auch offenbar meinem Privatnutzen entgegen sind, nie verläugnen, nie Nachbeter seyn, sondern sie auf alle Fälle zu vertheidigen wissen.

NB.

NB. Das war freylich nur eine Seite beleuchtet. Wenn aber die Rede von Beförderung des Handels und Wandels von Verhältniß der Produkte ꝛc. ist, dann sollten keine Erschwerungen durch irgend eine Abgabe, weder bey Rittergüthern noch Bauern statt finden, doch davon war dermalen die Rede nicht.

III.

III.

Schreiben des Herrn Geheimenraths Schubart von Kleefeld, an Herrn Oberamtmann Krämer zu Falkenberg in Oberschlesien, d. d. Würchwitz den 11 August, 1786.

Ew. ꝛc. geehrteste Zuschrift vom 27 July, hat mir ein wahrhaftes Vergnügen gemacht.

Der Herr Graf von Praschma hat mir schon längst geschrieben, worauf ich Antwort schuldig bin. Mit meinen Gesundheitsumständen ist es seit dem Monat April sehr übel, und so beschaffen, daß weit über hundert, nichts weniger als gleichgültige Briefe unbeantwortet liegen bleiben müssen. Zu jener Zeit bekam ich solche Zufälle, daß, wenn mein Medikus mir nicht ein Podagra erweckt hätte, woran ich sechs volle Wochen viel gelitten, ich gewiß schon vor den May begraben gewesen seyn würde. In der Zeit gegen Pfingsten, nachdem ich meine Kräfte wieder gesammelt und mich wieder an den Schreibtisch gesetzt hatte, verschlimmerte sich meine Gesundheit wieder so arg, daß mir verschiedenemal der Schlag nahe war, und auch jetzt muß ich mich fremder Feder bedienen. Nun zur Sache.

Da Sie den Herrn Riem durch Lesung seiner mit mir geführten Correspondenz als einen — — Mann zur Gnüge werden haben kennen lernen; da er alles beym Haaren ergriff, wodurch er mir nachtheilig werden, und meinen guten Namen und Kredit schaden könne, da er außer seinen gedruckten Schmiralien und Zeitungszwitterwesen auch noch außerdem verschiedene Nachrichten verbreitet hatte, die ich bey meinen jüngern Jahren nachdrücklich beantwortet haben würde; entschloß ich mich, auf keinen seiner zudringlichen, mit der niedrigsten Falschheit gespickten Briefe ihn einer Zeile Antwort zu würdigen; daher ich auch ein paar Unhöflichkeiten beging, und zwey würdige Männer, wovon unten ein mehreres folgen soll, wider meinen Willen und Gesinnungen scheinbar beleidigte. Da mir die Klugheit anrieth, den Menschen immer weniger und weniger zu trauen, und also am wenigsten mit R— Freunden auf irgend eine Art eine Zeile zu wechseln, zumal zu jener Zeit, als ich keine Gelegenheit hatte, mich diesen beyden würdigen Männern gefällig machen zu können, so hoff' ich desfalls nicht, ungleich beurtheilt zu werden. Indessen stieg R— Bosheit und Verläumdung gegen einen Mann, in dessen Herzen kein Falsches gegen irgend einen Menschen wohnet; der durch seine guten Absichten seinem Haufen Kinder, durch wirklich drückende einem andern ganz unnöthig scheinende Ausgaben, Nachtheil zuzieht, der sich und seine Gesundheit für andere aufopfern würde, könnte er seine gute Absicht nur dadurch ganz erreichen, und der endlich schon so oft dem Todeskampf so nahe gewesen, und nicht viel Sicherheit von einem Monat zum andern auf Fristung seines Lebens denken kann, stieg, sag' ich, R— Bosheit immer höher.

Ich reiste noch krank zur Messe, und die Bewegung brachte mich wirklich wieder etwas auf die Füße. Ich kam in die Müllersche Buchhandlung, wo ich
Herrn

Herrn K— fand, der mir mit einer — freundlichen Miene entgegen kam. Frage an mich: Haben Sie keine Nachricht von D. A. Krämer? Antwort: o ja! es geht ihm nach Wunsch, er würde sein Leben für seinen vortreflichen Grafen lassen, und mir bezeugt dieser in allen Briefen, daß er unumschränktes Vertrauen auf ihn gesetzt habe, dessen ich mich von ganzem Herzen freue. Aber warum haben Sie seinen Brief, den er Ihnen auf der Reise geschrieben, und wovon er mir die Abschrift gesendet, nicht in Ihre Zeitung gesetzt? Vermuthlich deswegen nicht, weil er etwas Gutes von Holzhausen und mir enthält? — O solch dummes Zeug, solche Kinderreyen, setze ich nicht ein, ich hab's ihm selbst geschrieben, das ist Gewäsche — Mein Herr, Sie fangen an, in der ökonomischen Welt ihren Kopf mit der unverschämtesten Impertinenz empor zu heben. Es ist Zeit, daß man einen langen Stecken nehme, und Sie drauf tappe; wenn das niemand thut, so werde ichs thun: Sie müssen mit sammt der Perücke untern Tisch; es ist Zeit, daß Wahn, Lug und Betrug aufhöre, Sie müssen sich nicht erkühnen, ein Praktischer Oekonom heißen zu wollen, Sie sind ein bloßer Theoretiker und Kompilator, wo haben Sie Ihre Versuche angestellt? das müssen Sie beweisen! So etwas mochte er sich in Gegenwart von sechs, acht und mehr Personen nicht versehen haben; erblaßt und mit zitternder Stimme antwortete er: schon vor vierzehn Jahren in der Pfalz — Ja, das können Sie wohl sagen, wer hat's gesehen, wer siehts noch? zwischen Holzhausen und mir und Ihnen, ist nur der kleine Unterschied, daß Sie ihre Praktik in der Tasche herumtragen, und sie auf dem Papiere zeichnen.

zeichnen, wir aber keinem Hohen und Niedern die Augen verbinden, und dem Kenner nicht vorschwindeln, wenn sie unsere Grundstücke besehen; mit einem Worte, es ist Zeit, daß Wind und Wahrheit von einander geschieden werden, und so verließen wir uns. Nachmittags traf er mich bey dem M. Wichmann wieder, und da wurde blos von andern Dingen gesprochen.

Ich war kaum etliche Tage zu Hause, als er mir Ihr Etwas ꝛc. schickte, und dabey schrieb, nun wäre alles heraus, was er auf dem Herzen gehabt hätte, und er hofte, daß wir nun wieder gute Freunde werden würden, und was dergleichen Geparle nach seiner Art mehr war, worauf er aber keine Zeile Antwort erhalten hat. Dieses Etwas sendete er mir im Frühjahr 1785 im Manuscripte, als ich sieben Wochen an einer Entkräftung auf einem Flecke lag, mit dem Verlangen zu, es mit Noten zu begleiten, aber meine Kräfte verstatteten mir weiter nichts, als es durchzulesen; eines Theils war auch kein Plätzchen im Manuscripte, wo ein paar Zeilen hätten stehen können, denn R— hatte es nach seiner Gewohnheit, mit unleserlichen Worten schon durchhakt und durchkratzt, und andern Theils war ich nicht keck genug, wie R—, einen Krämer berichtigen zu wollen. Ich nahm also das gedruckte Etwas ꝛc. begierig in die Hand, und fand schon Seite 10, am Ende, daß er nach den Worten, am Leben bleiben, die von Ihnen gesetzten Worte: oder Schubart eher kommen sollen, so wie eine Menge anderer Stellen im Buche, wo Sie meiner zu erwähnen beliebet, weggelassen hatte, auch den Nachtrag, Seite 147, so sehr er auch wider die

Wahrheit läuft, (denn wo sind Sie denn mit Bewilligung des Prinzen zu dem Grafen gegangen?) las ich mit Gleichgültigkeit, weil ich in meinem Herzen überzeugt war, daß Sie keinen Antheil daran hatten, und es Sie erzürnen würde, wenn Sie ihn sähen.

Allein nach der Zeit, und als das Etwas ꝛc. ins Publikum kam, habe ich den bittersten Verdruß in meiner Seele darüber erlitten, und ich läugne Ihnen nicht, daß ich den sehr übeln Gesundheitszustand blos auf diese Scene schiebe, da ich eine große Anzahl mich äußerst kränkender Briefe darüber erhalten habe. Sie wissen, daß ich Briefe von Ihnen in Wien erhielt; Sie wissen, für wen sie eigentlich bestimmt waren: Ihre Briefe wurden zu Wien und zu Prag gelesen, man erkannte aus denselben, daß Sie ein ofnes und rechtschafnes Herz haben ꝛc. Sie wissen ferner, daß Sie mir die eingegangenen Briefe von dem Herrn Grafen Praschma an mich, vor meiner Nachhausekunft in Person nach Leipzig brachten; Sie wissen, daß Sie mir bey deren Ueberreichung, noch ehe Sie dieselben lasen, gleich erklärten, daß Sie diesen Herrn, wegen seiner unvergleichlichen Denkungsart, für allen andern wählten, ja Sie versicherten mir, wie Sie ihn schon jetzt unbekannter Weise von ganzem Herzen liebten und verehrten; Sie sahen meine Verlegenheit über diese Erklärung, und wissen endlich, daß, nachdem ich die Briefe gelesen hatte, ich Ihnen folgende Worte sagte: hier ist göttliche Führung, ich freue mich Ihrer Wahl, aber wie werd' ich mich heraus wickeln? Nun lieber Freund, wird versichert, daß Sie mit Bewilligung des Prinzen diesen Ruf nach Fal-

lenberg

kenberg angenommen hätten, und nun werden mir Vorwürfe gemacht, daß ich Sie schon für den Herrn Grafen Praschma engagiret hätte, da Sie noch zu Wendelsheim gewesen, und daß ich andere nur gegängelt, und mit ihnen, mit oder ohne Ihr Zuthun, Kurzweil getrieben hätte, und jemand schreibt: Ich müßte meine Leute sehr schlecht kennen, da ich ihm einen Mann empfohlen, der in dem Nachtrag seiner landwirthschaftlichen Belehrung, mit so grobe Undankbarkeit bewies, und die koburgische Kammer schrieb: "Wie? Herr Krämer, den Sie uns im vorigen Jahre zum Oberdirektor einiger Kammergüther mit so vieler Wärme vorschlugen, für dessen Rechtschaffenheit Sie sich verbürgten, und für seine praktischen Erfahrungen einstunden, sollte ein so schwarzes undankbares Herz gegen Sie haben? denn K— kann es doch nicht aus den Fingern gesogen haben; ist Krämer der rechtschaffene Mann, für den Sie ihn ausgeben, so kann er, ohne sich die größte Verachtung aller Rechtschaffenen zuzuziehn, hierzu nicht schweigen, er muß sich und Sie, öffentlich vertheidigen". Sehen Sie, liebster Herr Oberamtmann, in solche höchstärgerliche Lage setzt uns der K— — so nenn ich ihn mit aller Befugniß! Wie herzlich lieb mir dahero Ihr Brief ist, können Sie wohl glauben.

Nach Böhmen und Oesterreich hab ich bereits einige wenige Zeilen geschrieben gehabt, und Aufklärung versprochen. Nächster Tage geht Abschrift von Ihrem Brief nach Koburg, aber blos dabey kann es wohl füglich nicht bleiben, da mir nur jetzt an einer vorläufigen

Rechtfertigung Ihrer Konduite und Ihres Herzens gelegen, denn ich bin der Schmähungen und Lästerungen — der Lohn meiner Aufopferung — schon gewohnt und so hart geworden, daß dergleichen Pfeile sehr schwer an mir haften werden, ich bin nicht rachsüchtig, und wie Sie sich aus Lesung meiner R — Korrespondenz überzeugt haben werden, überaus langmüthig, aber ich bin dem Publikum schuldig, daß es nicht länger getäuscht und betrogen werde, und dieser Lästerer und Verläumder muß nun in sein eignes Schwerdt fallen. Ich überlasse es Ihnen, ob Sie, und wie Sie einen den ganzen Umfang, die Person, Leben und Thaten dieses berühmten Plagiars und Abschreibers betreffenden wahrheitsmäßigen Aufsatz an mich zu senden belieben wollen.

Gott ist mein Zeuge, daß ich sowohl dem Herrn Grafen schon seit ein paar Monaten Posttäglich habe schreiben wollen, aber es ist mir nicht möglich gewesen, und nun thut mirs leid, daß es nicht geschehen, denn Sie wären um so eher überzeugt worden, daß ich weit entfernt bin, etwas von diesen Beleidigungen auf Ihre Rechnung zu setzen.

R — ist in Gröbzig und in Pobles gewesen, hieher zu kommen, scheints, als traue er sich nicht. Sowohl an diesen beyden als an andern Orten, wo er gewesen, und wie er sich ausdrückt, Wirthschaften visitiret, hat er wie ein ——— gestanden, seine gröbste Unwissenheit in der Landwirthschaftskunde verrathen, und um sie zu verstecken, blos botanisirt. Holzhausen und mein Bruder geben mir gleich Nachricht davon, und

ich

ich will diese Briefe drucken lassen. Mein Bruder *) hat ihn ziemlich getummelt, daß er Hafer für Waizen gehalten hat **). Er hat seinen Verdruß darüber nicht bergen können, daß er so schöne Früchte, und besonders so gar herrliches Korn in den Kleestoppeln gefunden, das er gar nicht vermuthet, und ohne Zweifel alles recht

*) Es zeigte ihm derselbe ein Stückchen auserlesenes schönes Korn, welches in einem einmal umgebrochenen Kleefelde erwachsen war, das Kleesaamen getragen hatte, und sagte dabey: dieses Korn sey ein unwiderstehlicher Beweis von der Ungründlichkeit der in seinen Zeitungen zu behaupten versuchten Meynung; Saamenklee sauge den Acker aus; der Satz, daß Saamentragende Früchte aussaugen, sey nur in den Fällen richtig, wo mit der Reifung des Saamens der Fruchtstock zugleich absterbe, aber mit Saamenkleefeldern verhalte sichs anders, denn der Kleestock wachse nach eingebrachten Saamen fort, und die zur Saat einmal umgebrochene grüne Kleestoppel ersetze dem Felde diejenigen Kräfte mehr als einfach wieder, welche das Saamentragen, demselben irgend hätte entziehen können.

Sich zu rechtfertigen, antwortete Hr. R—: es stehe auf einem der Graf Einsiedelischen Gütern in Kleestoppel ein Stück Korn, von ohngefähr 6 Scheffel Aussaat, äußerst schlecht, er habe den Verwalter nach der Ursache gefragt, der ihm versichert, es käme daher, weil der Jahrs vorher darauf gestandene Kleesaamen getragen habe. Kann man sich wohl des Lachens enthalten, den Mann Dinge als eigne Erfahrungen verlaufen zu sehen, die er von andern hat erzählen hören?

In der Michaelmesse 1785, hörte Hr. R—, in Gesellschaft einiger andern Personen, bey dem selig. Herrn Prof.

recht schlecht zu finden gewünscht hat. Bey seiner Ordreise in Leipzig, hat er eine äußerst triumphirende Mine angenommen und grimmiglich gedrohet, daß er nun im Stande wäre, sich als praktischen Wirth zu zeigen, er habe nun alles gesehen, was er gewünscht. Ohne Zweifel wird er darüber etwas schreiben, worauf ich mit Verlangen warte. Er soll auch bey seinem Freund, dem Pachter Fink, in Köfitz, dem Verfasser der Schrift A. W. zu Pr., (Sie haben doch die erschrecklichen Absurditäten in der Fortsetzung dieser Schrift, wo er sich genannt hat, gelesen? gewesen seyn. Holzhausen war zu Johanni hier, und antwortet nun selbst. Inzwischen fand ich, um Sattelfeste zu seyn, wenn ich gegen R—

Prof. Leske meinen Bruder Anmerkungen über einige anzuwendende Vortheile bey dem einmaligen Umbrachen der Kleestoppeln zur Einsaat machen, Hr. R— schrieb solche in seinen Zeitungen von Wort zu Wort hin, und gab sie für selbst gemachte Erfahrungen aus.

So gerade aufgerafft und gedruckt empfängt das liebe Publikum R— fremde Waare, welche kenntbare Zeichen unzähliger Fabriquen hat, und wenn es hoch kömmt, mit ein paar unbedeutenden Nötchen des diktatorischen Inhalts versehen: Das ist auch meine Meynung; so halte ich es auch; aber so mache ich es nicht ꝛc.

**) Siehe des Herrn Oberamtmanns Holzhausens vorläufiges Schreiben an den ꝛc. von Kleefeld, über die R— Reisebeschreibung nach Gröbzig, nebst einer Zugabe ꝛc. in der Müllerischen Buchhandlung zu Leipzig. S. 21 ꝛc.

K— auftrete, für dienlich, über sein Leben und Thaten während seines vierjährigen Aufenthalts zu Miserau, von der Quelle Nachricht zu holen, und diese lautet folgender Gestalt: daß er mit 400 Rthl. und einem Deputat, von Johanni 77 bis 81 seine Heldenthaten ausgeübt, aber deswegen aus dem Dienst gekommen sey, weil er keine Praxin habe, die versprochene Melioration nicht geleistet, einen Anfang mit der Stallfütterung gemacht, aber nicht ausgeführet, die Brache nicht abgeschaft, nicht einen Zentner dürren Klees eingeführt, nicht den geringsten Nutzen geschaft, vielmehr die Herrschaft in beträchtlichen Schaden gestürzt, üble Folgen verursacht, nicht die geringste Nachahmung von irgend einem Bauer erweckt, und bey der Schäferey von 1700 Stück, die blos im Sommer gewaidet, und im Winter mit Heu und Stroh gefüttert worden, von derselben nicht den geringsten Vortheil, weder auf Feinheit der Wolle, noch größere Vermehrung, noch fetteres und stärkeres Vieh geschaft hat. (Das laß ich mir doch eine Lobrede seyn! und wenn das nicht Prostitution ist, so kenn ich keine.)

Es ist wahr, Freund, ich sollte großmüthiger handeln, und ihn seinem Gewissen zur Züchtigung überlassen; und bey Gott, dies würde ich thun, wenn er seinen Giftbecher nur blos in Rücksicht auf meine Person gefüllt hätte. Aber ich bin es Gott und der Menschheit schuldig, den bösen Eindruck, den seine elende Klopffechterey zum Nachtheil der Menschen, besonders in Sachsen angerichtet hat, und die von mächtigerm Einfluß ist, als man wohl glaubt, ob ihn schon die

Ausländer verachten und verlachen, wieder zu vernichten, und ihn in seiner Blöße zur Schau aufzustellen.

Haben Sie seine Rezension in der deutschen Bibliothek, im 65 Bande, 1 Stück, über meinen 6 Theil gelesen? tückischer kann der Teufel nicht seyn, aber Prof. Jeske hat ihn in der Vorrede zur dritten Auflage meiner Schriften, ein paar Wörtchen gesagt. Daß meine Preisschrift ein so gar elendes Ding sey, daß man um solch einen Preis zu gewinnen, wie sich R — ausdrückt, nur abzuschreiben braucht, hab ich selbst doch so recht nicht geglaubt, da der große R —, vermuthlich aus der erhabenen Ursache, seinen Hunger zu stillen, sich herab gelassen hatte, den Kornschen Nachdruck mit R — Berichtigungen zu befördern. Wie denn? wenn er um diesen Preis selbst gekämpft; wie? wenn er aus den Preisschriften seinen Prodromus zusammen gestoppelt hätte? Und sehen Sie wohl, das ist also. Mit dem Intelligenzkomtoir in Leipzig, steht er in genauer Verbindung. Alles mögliche dumme Zeug und offenbare Unwahrheiten wider die Sache von ungenannten Verfassern, wurde sorgfältig eingerückt, aber sobald meine Freunde unter Benennung ihres Namens, Aufsätze für die Sache einsandten, wurde erklärt; daß man über diese Streitigkeiten nichts mehr einrücke. Viele dergleichen Aufsätze sind mir nun mit der Bitte zugesandt worden, sie in meinen Briefwechsel zu nehmen, und diese sollen auch im 4 Heft, zu Offenbarung der Partheylichkeit, erscheinen *). Sie werden sich erinnern, daß

R —

*) Sind unter den Briefen dieses vierten Hefts zu finden.

R— ben Herrn Regierungsrath Salmuth, durch seine Noten in einem dergleichen Auffaße ziemlich angepackt hatte. Herr Salmuth hatte darauf geantwortet, aber das Intelligenzblatt sand es ihm auch zurück; nun hat er mirs zur Bekanntmachung zugefertiget. Dieser würdige Mann fragt fleißig nach Ihrem Befinden, nimmt daran herzlichen Antheil, wünscht nichts so sehr, als vollen göttlichen Segen zu Ihren Unternehmungen, damit durch Ihr Beyspiel sich in dasiger ganzen Gegend Wohlstand verbreiten mögen. Lassen Sie uns ihm unter den Kosmopoliten in unsern Herzen immer einen der ersten Plätze einnehmen.

Was nun die beyden Herrn Bäre und Schmelz betrift, denen ich mich verbindlich zu empfehlen bitte, so lege ich, um den Fehler einer groben unhöflich unterlassenen Antwort von mir zu schaffen, zwey an Sie gerichtete Schreiben hier bey, die ich an den Herrn Prof. Leske offen zur weitern Beförderung sandte. Er schickte sie mir aber wieder zurück, und bat mich herzlich, sie nicht abzusenden, nicht so geschwinde Fehde mit R— zu machen, sondern ihn erst reifer werden lassen. Nach der Zeit schrieben Sie mir, Ihre Absicht mit Herrn Löwe, und Herrn Schmelzen habe ich in gutem Andenken behalten. Kurz darauf fanden sich meine übeln Gesundheitsumstände ein, die leider bis heute fortdauern, und weshalb ich auch viele sich anmeldende Besuche von hohem Adel, um so mehr zu verbitten mich genöthiget sah, als meine liebe Frau seit Ihrer Abreise die meiste Zeit im Bette zugebracht, und den ganzen Sommer hindurch mit Baden und Brunnentrinken gequält worben ist, und wenn man diese meine Entschuldigung für gültig annimmt, so leistet man mir Gerechtigkeit.

Es wird Zeit, daß ich zum Schluß eile. Meine Frau empfiehlt sich sehr verbindlich, und alle meine Kinder, die nur reden können, schreyen, Ihnen von Ihnen viel Schönes zu sagen. Sollte, wie ich fast nicht anders erwarte, Gott bald über mich gebieten, so bin ich von Ihnen überzeugt, daß ich an Ihnen einen rechtschafnen und unpartheyischen Freund hinterlasse, der mich auch nach meinem Tode gegen schurkische Angriffe, in so fern sie von Einfluß auf das Publikum und die gute Sache seyn sollten, vertheidigen wird, zu welchem Ende ich diesen Brief aufzuheben bitte. Herr Prof. Jeske schrieb mir letzthin, er wäre von Ihnen gewiß überzeugt, daß Sie Ihre ihm gethane Aeußerung gewiß erfüllen würden, Herrn R— zu demüthigen, wenn er nicht bald Ruhe hielt, denn es stünd in Ihrer Hand. Ein gleiches haben Sie auch gegen meinen Bruder geäußert. Sagen Sie mir auf Ehre und Gewissen, wo und was hat R— Eigenthümliches besessen oder in der Pfalz verwaltet, worauf er seine so dreust angerühmten Selbstversuche gemacht hat? Ihr verehrungswürdigster Herr Graf hat mir versprochen, Sie würden mir zu seiner Zeit eine vollständige Nachricht von Ihren Umschaffungen geben, ich bitte Sie darum, und daß Sie sie zum Nutzen und Gebrauch fürs Publikum einzurichten belieben wollen.

Ich bin eben im Begrif, an des Kaysers Majestät zu schreiben, und vorzustellen, daß Sie bey Vertheilung der geistlichen Güter in Erbpacht selbe nicht einzeln

an

an mehrere Dorfsbewohner zerstückeln, sondern in zusammengeschlagenen Proportionen von 20 bis 50 Morgen, an zusammenverheirathete Unterthanen Kinder geben, sie mitten auf die Grundstücke ausbauen und solchergestalt den einzigen und sichern wahren Grund zur Bevölkerung legen möchten. Ich hatte im abgewichenen Monat einen mir äußerst wichtigen Besuch von dem berühmten Kammerherrn Buchwald, aus Dännemark, (S. allgemeine lit. Zeitung, No. 197. S. 206, vom vorigen Jahr.) Unter dieses Mannes Direktion sind 7000 Familien ausgebauet worden, und er selbst hat durch Zerschlagung und resp. Zusammenlegung seines Guths, die Einkünfte von Neunzehnhundert Thalern, auf Fünftausend Dreyhundert Thaler erhöht.

Sollte die Anwendung bey Ihnen nicht statt finden? Ich habe von dem Herrn Kammerherrn viel Wichtiges gelernt, wovon im vierten Hefte meines Briefwechsels kommen soll. Hier folgt der zweyte Heft, worin Ihr Kreuzzug wider D. Rößig, den ich, wie Sie in Ihrem Schreiben an R— vom 16 März befürchtet, keineswegs verstümmelt habe. Haben Sie die Bemerkungen über D. Rößigs Beantwortung der von Schubart'schen Kommentarien, Leipzig, bey Böhm gelesen? thun Sie es doch!

Wenn Sie jetzt mein Schafvieh, und besonders die Größe der Lämmer, und den Grad der Verfeinerung der Wolle sehen sollten, so würden Sie sich höchst verwundern. Gestern wurde in Gegenwart zweyer, seit dem 10 April aus Wien, und von dem Fürsten Schwarzenberg aus Böhmen, sich hier befindenden Oekonomen,

ein

ein meiner ältesten Schöpse, vom Anfang der eingeführten Hortenfütterung, und der also nie ein Maul voll auf der Waide gefressen, geschlachtet, der ganz unvergleichlich war. Der Fleischer versicherte, daß er nie in seinem ganzen Leben, außer bey mir, ein solches kerngesundes Stück Vieh, wo weder in Lunge noch Leber oder sonst der allergeringste Mangel gewesen, geschlachtet, und die beyden Oekonomen, daß sie nie dergleichen gesehen hätten.

Was will also der unerfahrne R— in seinen Wrakakakakzensten Widersprüchen? Wie herrlich schön hat ihn doch Herr Löwe, durch seine Erzählung vom Pachter, gewaschen, aber diese Lauge ist für ihn zu sein. Unter uns, und ohne Gebrauch davon zu machen. Der hohe Protektor von R—, zu dem Sie kommen sollen, und es zu meinem Leidwesen nicht gethan, ist kürzlich in der Nähe an einem Orte durchgegangen, wo man sich zu insinuiren geglaubt, und übel von mir und meinen Schriften gesprochen hat. Er soll mit Wärme aufgefahren seyn, und erklärt haben, daß ich mir sehr große Verdienste durch diese Schriften erworben habe, und daß jetzt die Sprache, die ich geführet hätte, unumgänglich nöthig gewesen sey, die Aufmerksamkeit zu erwecken, die ich erweckt hätte. Der Herr Graf von Schönburg, der mich letzthin besuchte, und durch einige seiner Güter gereist war, versicherte mich, daß seine vorjährigen und heurigen Lämmer alle in Horden mit dem besten Erfolg gefüttert würden, daß eine große Menge Kies dürre gemacht, öffentlich auf Feimen stünden, daß — der Graf, gesagt: Er freue sich, solche Feimen da

zu

zu finden, wie sie zu Gröbzig und Würchwitz stünden, welchem aber die dabey gewesenen Wirtschaftsbedienten widersprochen und gesagt: Ey, bey leibe nicht, wir machen nichts nach, was Schubartisch und Holzhausisch ist; das sind polnische Scheunen! Nun sagen Sie mir, ob man sich des Lautlachens enthalten kann? Je, meinetwegen! Aegyptische oder korinthische, steht doch dürrer Klee da, werden doch die Schafe in den Horden gefüttert, wirds doch nachgemacht und gut befunden, nennts doch wie ihr wollt, und meinetwegen Pastor Gözens oder Pater Merzens Wirthschaft! Aber nun nicht ein Wort weiter, als die Versicherung, daß ich unverändert mit der größten Hochachtung und Freundschaft bin, u. s. w.

Fortgesetztes Verzeichniß der Personen, welche die von Kleefeldische Wirthschaft persönlich besuchten, um sich durch den Augenschein zu überzeugen.

(Siehe diesen ökonomischen Briefwechsel, 1stes Heft, S. 3 und folgende.)

1785.

1. Ich kann mir das Vergnügen nicht versagen, daß, geleitet durch die menschenfreundlichen Schriften meines Freundes, des unschätzbaren Geheimenraths von Schubart; auch ich hier in Böhmen auf meinen Gütern, seinem Systeme nach, meine Wirthschaft durch eine hinlängliche Anbauung von Futterkräutern umgeschaffen. Und so wie ich schon die besten Wirkungen sehe, so ist für mich das Glück, diesen, blos dem Wohl der Menschen sich widmenden Mann bey mir verehrt zu haben, ihm die Wirkungen, die seine menschenfreundlichen Absichten auch in der Ferne gewirket, darzustellen, für mich zu schätzbar. Und ich habe mir es nicht versagen können, wider sein Wissen mich unter die Verehrer, welche sich in Würchwitz überzeugt haben, zu zählen,

Anton, Graf Woracziezky,
Freyherr von Pabinitz, Obrister.

Den

Viertes Heft.

Den 27sten Dec. 1785.

2. **Friedrich Wilhelm Götze,**
   Aufseher über die Erziehung der jungen
   Gräfin von Werthern,

denkt mit dem größten Vergnügen an die wenigen Stunden, die er in Würchwitz zugebracht hat.

Christian Friedrich Erdmann Trinks, Liebhaber der Schubartischen Oekonomie, der eben wie sein über ihm stehender Freund denket.

1786.

3. Da ich bey der in Oekonomie, mit Sr. Hochwohlgebornen, dem Herrn Geheimenrath Schubart von Kleefeld, vor etwa zwey Jahren erhaltenen schriftlichen Bekanntschaft, sogl ich in desselben Person, nicht nur den um die Landwirthschaft verdienstvollen Mann, sondern auch einen wahren Menschenfreund erkannte, so setzte ich auch auf Deroselben geschätzte neuerliche Zuschrift vom 16ten Oktob. letzt verflossenen Jahres, worinnen ich gefragt wurde, ob ich wohl eine ansehnliche Oberamtmanns-, oder Oekonomiedirektorsstelle, mit Ausübung seiner Grundsätze, in den Kaiserlichen Landen annehmen möchte? ein so sicheres Vertrauen, daß ich ungesäumt anhero reißte, und mich Denenselben ganz überlassen wollte; da aber Dieselben wenige Tage vor meiner hiesigen Ankunft nach Wien gereiset waren, mithin ich durch einige Wochen, Zeit und Gelegenheit genug hatte, nicht nur die hiesige, wie auch die Wirthschaftseinrichtungen zu Pobles und Kreischa zu besehen und

und zu unterſuchen; welche ich dann auch ben ins Publikum durch den Druck erlaſſenen Grundſätzen, vollkommen gemäß, und mit dem beſten ſegensvollen Fortgang, eingerichtet fand, ſondern ich wurde auch bey Dero Zurückkunft, in meiner Erwartung übertroffen: da einzig und allein durch Sr Hochwohlgebornen Anempfehlung, mir eine Oberamtmann- und Oekonomiedirektorſtelle, mit jährlichen 300 Dukaten Beſoldung, geworden, die ich unter mehrern ähnlichen Anträgen, für mich am ſchicklichſten zu ſeyn wählte.

Zum beſtändigen Andenken meines beſten Danks, der auch von Familie auf Familie übergehen ſoll, weiß ich dahero nichts beſſeres zu thun, als gegenwärtige Urkunde der Unvergeßlichkeit auszuſtellen. Würchwitz am 26ſten Januari, 1786,

Krämer.
Bey der Fürſtlich Heſſendarm-
ſtädtiſchen ehemaligen Landkom-
miſſion, mit dem Rang eines
wirklichen Kammerraths, ange-
ſtellt geweſener Oberlandkommiſ-
ſarius und Landökonome.

Auch darüber kann ich mein Vergnügen beſonders erkennen zu geben nicht ermangeln, daß mir überaus angenehm war, während der ganzen Zeit meiner hieſigen Anweſenheit, vom 18ten Nov. bis hieher, zu ſehen: daß ein Trupp Hämmel und ſämmtliche Lämmer in der rauheſten Jahrszeit, Tag und Nacht unter einem blos mit Brettern bedeckten, ſonſt aber offenen Schuppen, wie auch die Mutterſchafe am Tage unter freyem Himmel in Horden gehalten, darinnen gefüttert, und nur zur Sicherheit des Nachts in die Hofstallung gebracht worden; wobey alles dieses Vieh sich nicht nur recht wohl befunden, sondern auch die Schafe schon im Januar letzthin gelammet, und vorzüglich schöne Jungen geworfen haben, ob schon den Müttern kein Schrot, sondern bloßes reines Wasser und dürres Kleefutter gegeben worden. Würchwitz, den 4ten Februar, 1786.

Krämer.

4. Zu meiner Verwunderung habe ich sowohl in Pobles als besonders auf dem Rittergute Würchwitz, bey dem Herrn Geheimenrath von Kleefeld, große Futtervorräthe, besonders aber sehr schönes Vieh zu Würchwitz, die nunmehro vier Jahre in Horden mit Klee gefütterten veredelten Schafe, in den allerbesten Umständen angetroffen, und Lämmer von vier Wochen alt gesehen, die so groß waren, als andere von Waldeschafen, 10 bis 12 Wochen alt, nicht zu seyn pflegen, auch habe ich gesehen, daß ein Haufen Hammel und ein Haufen Jährlinge, welche vom Nov. an bis jetzt, bey der rauhesten Witterung in einem ganz offenen Schuppen, mit dürrem Klee gefüttert worden, und nicht von dannen gekommen sind, sich sehr wohl dabey befanden, und die Wolle sämmtlich bey dem ganz und halb veredelten sowohl, als bey dem Landvieh, sehr lang und stark, fett, und frisch stand, wobey mir sowohl die Drescher, der Schäfer, und andere Leute versicherten, daß das Schafvieh seit vier Jahren zu keiner Zeit gewaidet worden, sondern im Sommer stets mit grünem Klee, und im Winter mit dürrem Klee gefüttert worden. Da nun mein Vater

selbst schon seit 14 Jahren, ich und mein Bruder denselben seit sechs bis sieben Jahren sehr stark gebauet, aber wegen verschiedener herausgekommenen Lügenschriften, die Fütterung der Schafe mit grünem Klee nicht gewagt haben; so bin ich um desto vergnügter, daß ich durch den Augenschein belehret worden bin, daß der grüne Klee den Schafen sehr gesund seyn müsse, woran mich nun jene Schriftsteller, besonders A. W. zu Pr. nicht ferner abhalten, solches auch zu thun. Würchwitz, den 5ten März, 1786,

Christian Friedrich Hendel,
von Wernburg; bey Neustadt an der Orla.

5. Bey dieser rauhen Jahrszeit Schafe und Rindvieh in sehr gutem Stande angetroffen, besonders die Lämmer, wegen ihrer Größe und Güte. Würchwitz, den 9ten März, 1786,

Christian Gottfried Scheibner,
Postmeister zu Penig.

6. Auf eine höhere Veranlassung reiste ich aus Böhmen zuerst nach Gröbzig, und auf vorläufige Rekommendation hieher nach Würchwitz, zu dem Herrn Geheimenrath von Kleefeld, um die hiesige und dortige Kleewirthschaft, die Horden und Stallfütterung des Schaf- und Rindviehes genau zu sehen, zu beurtheilen, und alle dagegen erregte Zweifel zu berichtigen. Acht Tage lang war mein hiesiger Aufenthalt, und ich fand alles nach Wunsche, hier und in Gröbzig, und werde mich anderwärts näher darüber erklären.

Möchte

Möchte jeder, in deffen Händen das Wohl und Weh von Taufenden liegt, und jeder Landwirth zu feinem eignen Glücke von der hellen Ueberzeugung dieses Wirthschaftsfystems, so, wie ich, durchdrungen seyn, und durch keine tollen Widersprüche sich von einer so wohlthuenden Nachfolge abhalten oder ablenken lassen.

Ich preise mich glücklich, daß ich hier war, und schreite getrost zur Ausübung,

Alexander Steffan.

Dies will ich hier noch anmerken: unter der Heerde der fettesten feinwollichten großen Schafe, erblickte ich hier etliche spanische, die sehr elend aussahen; es waren hier in Sachsen gezogene und faulgefressene Waldeschafe, die sich der Herr Geheimerath zur Veredelung im Herbste kommen ließen. Der Waidgang ist ja ein herrliches Ding, und wird wohl noch ferner seine kurzsichtigen oder eigennützigen Vertheidiger finden! Würchwitz, den 21sten März, 1786.

7. Ich fühle mich zu schwach, um das gehörige Lob über die Kleewirthschaft zu schreiben. Allein nur dieses will ich hinsetzen: der große Vorrath von Dünger, den ich hier fand, war mir auffallend, und ich glaube mit Gewißheit behaupten zu können, daß der Wirth, der dieses kann, in dem Ackerbau den Stein der Weisen gefunden hat. Würchwitz, den 7ten April, 1786,

C. E. v. Sacken.

8. Un-

8. Ungewiß über den Erfolg meiner Reise, kam ich her nach Würchwitz. Mit freudigem Herzen reise ich wieder fort, den Neidern und Verläumdern die schönen Sachen zu erzählen, die ich, nebst meiner Frau, an Korn, Rübsen, Klee, Vieh und Dünger gesehen; und ob es sich gleich nicht der Mühe verlohnt, Thoren zu bekehren, so muß wenigstens die Ehre und patriotische Absicht, meines geliebten Herrn Geheimenraths öffentlich erkannt und gepriesen werden. Würchwitz, den 24 May, 1786,

E. v. Kleist,
Königl. Preuß. Rittmeister.

9. Herrn Alten Burger Meister von Staudt.
Herrn Alten Burger Meister Ragb.
Seyn die Brüderspitals Oberpfleger.
Herrn Spitalmeister Burkaer.
Herr Spitalschreiber Albrecht, seyn die beyden Spitalbeamten.

Des gnädigen Herrn von Kleefelds ökonomische Einrichtung gefällt mir vortreflich wohl, wollte wünschen, wir könnten unsere auch so einrichten, da aber bey uns seichter Boden, worunter entweder lauter Lehmen, oder gar Steinfelsen, und auf selbigen Aeckern will er nicht gut thun, und die Huthschaften sind bey uns meistens Berg mit vielen Bäumen umgeben, was die guten gewesen seyn, sind bey uns auch schon lange angelegt,

Georg Philip Beyer,
Schafmeister vom Hochlöblichen Hochspital auf den Sandhof, den 10 May, 1786, Rothenburg ob der Thauber.

10. Als

Viertes Heft.

10. Als ich mir die Freyheit nahm, den Herrn Geheimenrath von Kleefeld, auf dessen Guthe Würchwitz, kennen zu lernen, um mich zu überzeugen, ob eine Ursache zu finden sey, welche zu den übertriebenen und jedem Vernünftigen unbegreiflichen Widersprüchen über des Hrn. Geheimenraths Wirthschaftssystem, Anlaß geben können; so habe ich mit Erstaunung gesehen, daß just alles was ich auf den Feldern, in den Ställen, in den Horden angetroffen habe, so vortreflich in allen Stükken, durch und durch gewesen, daß man nur Augen haben darf, um gleich zu sagen, daß alle Einwürfe, welche man wider das ganze vortrefliche Wirthschaftssystem des Herrn Geheimenraths gemacht hat oder noch machen wird, von Mißgunst oder Unverstande, und vielleicht noch niederträchtigeren Absichten entstanden seyn müssen. Glücklich ist jeder, der es annimmt; glücklich ist das Land, wo es durch und durch — sollte es auch erzwungen werden müssen — eingeführet wird. Mir gewiß ist und bleibt der Herr Geheimerath der wohlthätigste Menschenfreund, dem jedermann Dank schuldig ist. Wie kann ein rechtschaffener Mann sich nicht ärgern, wenn er lieset und höret, daß man ihn sogar verfolget und verleumdet. Würchwitz, den 12 May,

E. Springsguth,

Fürstl. Sondershaus. H. und Regierungsrath.

11. Nach allen widrigen Nachrichten, so mir von der Oekonomie des Herrn Geheimenraths von Kleefeld zu Ohren gekommen, habe ich endlich Würchwitz gesehen.

hen. Der Herr Geheimerath hatte die besondere Gütigkeit, mir alles persönlich zu zeigen. Ich war durch die fetteste Altenburger Gegend gereiset, und daher wohl im Stande, mir einen lebhaftern Begriff als sonsten, von gesegneten Feldern zu machen. Meine Erwartung war schon groß, sie wurde aber hier noch übertroffen. Der Herr Geheimerath hat ohne allen Streit, Korn, das das in der Altenburger fettesten Gegend an länge der Aehren und des Halmes übertrift, nicht den besten Boden, vortrefliche andere Feldfrüchte, keine Brache, und einen spanischen Klee, der seines gleichen nicht hat, schönes und milchreiches Rindvieh, mit dem sowohl als mit seinen schönen Schafen nicht ausgetrieben, sondern ersteres auf dem Hof, letzteres in der Horde gefüttert wird. Menge und Ueberfluß von Dünger und Stroh. Man findet bey diesem verehrungswürdigen Manne, alles das in der That und in der Wahrheit, was er in seinen vortreflichen Schriften zum Besten aller Menschen lehret. Dank und Erkenntlichkeit sey ihm mit dem größten Rechte von mir gewidmet, und die Ehre seiner Freundschaft und Bekanntschaft soll mir ganz unschätzbar seyn und bleiben. So wie ein Herz und nur eine Stimme aus allen denen reden muß, die seine Wirthschaft und Würchwitz gesehen haben, die da gesehen haben, wie viel großes auf einem nur kleinen Guthe, durch sein System bewirket worden; so wünsche ich zum Besten meines Vaterlandes, daß trotz aller Hindernisse, die Stolz, Unwissenheit, Eigennutz und Bosheit machen, die Verwalter und Schäfer erregen, den nicht das Beste ihrer Herrschaften, sondern oft ihr Eigennutz am Herzen liegt, endlich und balde über dieses System, nur eine

Stimme

Stimme und ein Herz in ganz Sachsen seyn möge. Würchwitz, den 25 May, 1786,

Heinrich Wilhelm Ernst

Graf von Schönburg.

12. Corl Heumann aus Caulsdorf, kam den 26 May 1786 nach Würchwitz, und fand alles über alle Erwartung und Beschreibungen. Ach, könnte ich doch Worte finden, meine Empfindungen auszudrücken, die sich bey mir fanden, als ich die Gnade hatte, von Ihro Ezellenz, dem Herrn Geheimenrath Schubart von Kleefeld, auf die Auen, Fluren, und bey die Horden geführt zu werden. Geht es meinen Wünschen nach, so besehe ein zweyter Kleist diese Gegend, und besinge sie des Patrioten würdig, der sie durch unermüdeten Fleiß und Sorgfalt schuf. Seine Verdienste müsse das graue Alterthum verehren, und die noch beklagen, welche seinen Glanz verdunkeln wollen.

13. 14. So sehr wir auch überzeugt waren, daß das Wirthschaftssystem Sr Hochwohlgeb. Gnaden, des Herrn Geheimenraths Schubart von Kleefeld, wo es die Tyranney des zeitherigen Gebrauchs, erlaubt, mit dem größten Nutzen auszuüben sey, so waren doch noch verschiedene Umstände uns nicht so einleuchtend deutlich, daß wir vielmehr selbst hieher reiseten, um uns von allem zu überzeugen. Es haben auch Ihro Hochwohlgeb. Gnaden, uns alles gezeiget, und wir sind mit vollkommener Ueberzeugung und mit dem wärmsten unterthänigen

Dank für alle erwiesene Gnade, von hier abgereist,

Heinrich Christian Julius Keßler,
Rittergutsbesitzer zu Artern.

Johann Friedrich Keßler,
Rittergutsbesitzer zu Artern.

15. Da Ew. Wohlgeb. Erzellenz, der Herr Baron von Kleefeld so gnädig waren, und mir am 17 Julius 1786 ihr Feld und sämmtliche Wirthschaft zeigten, so habe ich Endes unterschriebener alles mit dem größten Erstaunen und vielem Vergnügen gefunden. Würchwitz, den 17 Juli, 1786,

Johann Carl Friedrich Lüttich,
aus Olsisleben, Rittergutsbesitzer.

16. Ich kam nach verflossenen drey Jahren den 23sten Juni 1786 nach Würchwitz, und erstaunte, als ich des Herrn Geheimenrath Schubarts von Kleefeld, Hochwohlgeb. Felder zu sehen bekam. Den 24sten Juni gieng ich, in Begleitung zweyer aus Böhmen und Oesterreich sich seit dem 10ten April 1786 hier befindenden Oekonomen, welche alles in ihren Tagebüchern aufs genaueste bemerkten, zu Fuße alle seine Breiten durch, da fand ich Raps, Weizen, Roggen, Gerste und Hafer bey dem jetzigen dürren Sommer so schön, als man es sich nur wünschen kann, auch die Kleebreiten waren so gut, als ich sie und die Früchte an keinem Orte über Leipzig und Pegau anhero gesehen habe. Die Schafe fand ich in den Horden, und wurden mit grüner Luzerne gefüt-

gefüttert, und waren so gut bey Fleische, daß sie alle geschlachtet werden konnten. Die Kühe wurden desgleichen mit grünem Klee gefüttert, und waren so fett, daß sie alle konnten geschlachtet werden. Die Spann- und Kutschpferde wurden desgleichen mit grüner Luzerne und Esparsette gefüttert, und bekamen kein Korn Getraibe, und waren so gut am Fleische, als wenn sie alle Tage einen Berliner Scheffel Futter bekommen hätten. Ich bin im Begrif, über Pobles und Kreischa zurückzureisen, um auch mich mit meinen eignen Augen zu überzeugen, in wie fern die Relation eines meiner Verwalter, mit Namen Pfeifer, den ich zu Anfange dieses Monats dahin geschickt hatte, wahr sey, daß die Früchte daselbst so außerordentlich schön stünden. Uebrigens habe ich mich gefreuet, den Herrn Geheimenrath, troß aller ausgespienen Verläumdungen, die Er und ich so reichlich erduldet, noch immer mit mir in gleichen und festen Gesinnungen zu finden, die gute Sache standhaft fortzusetzen, und werde mich davon durch nichts abhalten lassen, weil ein jeder am besten wissen muß, was zu seinem Frieden dienet. Wollen ein Theil der Menschen nicht hören, je nun, da mögen sie fühlen. Würchwiß, am 25 Juni, 1786,

J. G. Holzhausen,

H. F. A. Dess. Oberamtmann
zu Gröbzig.

17. Voll des lebhaftesten Dankes für den mir mit so unverdienter Güte verstatteten anderthalbtägigen Aufenthalt auf Würchwitz, empfiehlt sich gehorsamst der Gnade des um das Wohl der Menschheit so verdienten Herrn Besitzers,

     Friedrich Wilhelm Otte,
     aus dem Schleswigschen.

18. Darf ich noch Gelegenheit nehmen, über die ungemein glückliche Ausführung des mit Recht so berühmten Wirthschaftssystems meine Bewunderung zu bezeugen? Der bisherige Theil meiner Reise hat mich noch keine solche gesegnete Fluren sehen lassen, obgleich die Natur manche der von mir schon durchreißten Gegenden vor den Würchwitzischen gewiß nicht wenig begünstigt hatte. Würchwitz, den 25sten Juni, 1786.

Wenn dem Herrn Oberamtmann Holzhausen alles so wohl gefallen hat, was soll ich sagen?

     Johann Gottfried Schlimper,
     bey dem Herrn Graf von Schönburg.

19. 20. Wenn ich mich über das, was ich in des Herrn Geheimenraths von Kleefeld Exzellenz, Schriften lese, wunderte; so erstaunte ich vollends über jenes, so mir Hochdieselben in eigener Person zu zeigen geruhten. Aber sehe ich denn auch nur das, was ich lese, sahe ich denn nicht mehr, sahe ich denn das geringste von Brache? Aber was sollte ich von dem Zustande sagen, in dem sich der Futterkräuterbau und jener der Kornfrüchte auf Würchwitz befindet? Dergleichen Dinge

Viertes Heft.

ge können nicht beschrieben, sondern müssen gesehen werden. Und dies Glück, nebst der gnädigsten Aufnahme, genoß am 6 und 7 Juli, 1786,

Joh. Ant. Ranzoni,
Direktor der gräfl. Lambergschen
Herrschaft Drosendorf, in Neu-
Oesterreich.

Ernst Mayer,
dortiger Kanzleyschreiber.

21. So viel schönes, herrliches und lobenswerthes ich seit mehrern Jahren von der ökonomischen Einrichtung des verdienstvollen Hrn. Geheimenrath von Schubart gehöret, und so viele Verläumdungen von Otterzungen und mit Vorurtheilen eingenommenen Unwissenden ich vernommen, die mir widrige Meynungen von der Landwirthschaft zu Würchwitz beybringen wollten, so kann ich, dem allen ungeachtet, mit innerer Ueberzeugung versichern, daß meine beyde Vorstellungen in jenen für mich so äußerst angenehmen Stunden, die ich in Würchwitz zubrachte, völlig übertroffen wurden, und daß sowohl meine vortheilhafte Vorstellung von der Vortreflichkeit dieser ökonomischen Einrichtung weit geringer, und mithin bey dem Augenschein unglaublich übertroffen, so wie jene Verachtung, und Verläumdungen sich in ihrer ganzen Blöße meinen Augen dargestellt haben; und ich danke mit gedoppelter Freude sowohl dem günstigen Geschicke mir die persönliche Bekanntschaft des ehrwürdigen verdienstvollen Herrn Geheimenraths gemacht zu haben, als ich Demselben für dessen mir allhier erwiesene

wiesene Gütigkeiten und Höflichkeiten den verbindlichst-ergebensten Dank abstatte, während ich nochmals versichere, daß derselbe ewig den wärmsten Verehrer finden wird, an

Siegmund Freyherr von Rothenhan,
aus Rentweinsdorf, in der fränkischen
Reichsritterschaft.

Würchwitz,
den 11 Juli, 1786.

22. Qui a lu Vos ouvrages, desire l'honneur de Vous connaitre; mais qui Vous voit & voit les fruits de vos travaux desire d'etre constamment avec Vous. C'est le voeu ardent d'un de Vos plus sinceres admirateurs.

Thevenin.
Secretaire de M. le Baron de Rotenhan.

23. 24. Auf höhere Verordnung verfügte ich mich mit zu Ende benanntem Reisegefährten anhero, um von allem dem überzeugt zu seyn, was von der treflichen Wirthschaftseinrichtung des Herrn Geheimenraths von Kleefeld gesagt und geschrieben worden, und ich bin durch dreytägigem Aufenthalt nicht nur von dem reichlichsten Kleewachs, sondern zugleich von außerordentlich reich stehendem Getraide, in specie von dem in Kleestoppeln gesäeten Roggen dergestalt überzeuget worden, daß ich von dergleichen auf der ganzen Herreise keines gesehen habe, auch die Stallfütterung des Rind- und Schafviehes hat sich zu meinem inniglichen Vergnügen bestätiget, und eben dahero trage ich nicht

den

Viertes Heft.

den geringsten Anstand, diese vortrefliche und nützlichste Wirthschaft auf den mir anvertrauten wirthschaftigen Herrschaften zur gänzlich allerwegigen Einführung anzurathen, immaßen schon damit allbereits ein ansehnlicher Anfang gemacht worden ist. Würchwitz, den 10 Juli, 1786,

    Wenzel Joseph. Frhrh.
   Fürstlich Schwarzenbergscher
    Wirthschaftsrath.

    Swietiezke,
  Wirthschaftsdirektor in Postelberg.

25. 26. Von der glücklichsten Ausübung der tiefsten Einsichten des Herrn Geheimenraths von Schubart, in das große neue Wirthschaftswesen, hat mich heute der Augenschein zu meiner desto größern Freude überzeugt, da ich auch vorher schon aus Theorie und eigner Erfahrung fest daran geglaubt hatte. Würchwitz, am 15 Juli, 1786,

   Christian Friedr. Gottl. Westfeld,
   zu Wülfinghausen bey Hannover,
  Oberkommissarius und Amtmann von
   Arenstorff, im Hannöverischen.

27. 28. Bey einer kurzen Anwesenheit hieselbst von wenigen Stunden, haben wir Endes genannte diejenigen Felder, welche der Herr Geheimerath von Kleefeld als solche, die nach der in Deren ökonomischen Schriften bemerkten Art und Weise behandelt worden, uns zu zeigen, beliebt haben, in vorzüglicher Tragbarkeit, und

und die in Horden gefütterten Schafe in vollkommen gutem Stande befunden, welches wir hierdurch zu bezeugen, und dabey für die gütige Aufnahme ganz gehorsamst zu danken, nicht haben verfehlen wollen. Würchwitz, den 16 Juli, 1786,

    Fried. Wilh. Chr. Zacharia,
  Amtsauditor, in dem Churhannöverschen.

      Philipp Ernst Heinicke,
      Amtmann in Frankenhausen.

29. Daß die hiesige Wirthschaft die beste ist, die ich in irgend einem Lande gesehen, kann ich mit Wahrheit sagen, woraus denn ein jeder sich selber sagen kann, wie angenehm und unterrichtend mir die Bekanntschaft des Herrn Besitzers gewesen sey. Wäre er doch mein Nachbar! Würchwitz, den 22 Juli, 1786,

          Buchwald.

30. Johann Carl Richter, vom Rittergut Schlaisdorf, den 28 Juli, hat damals alles herrlich gestanden.

31. Christian Traugott Korn, Hofverwalter in Remmis, hat alles sehr gut, sowohl in Feldern und Wiesen, als auch bey der Viehzucht gefunden. Den 28 Juli, 1786.

32. M. Carl August Blüher, Pastor zu Reinsdorf bey Heute, den 15 August, blos in der Absicht hier in Würchwitz gewesen, um mich über alles, was ich in Schrif-

Schriften von dem Herrn, der hiesigen freyherrlichen Oekonomie gelesen, durch den Augenschein zu überzeugen: und kann nicht anders, als mit der aufrichtigsten Satisfaktion von hier abgehen, und mich nunmehro für doppelt belehrt halten, durch Schrift und durch befundene Wahrheit. Den 15 Aug. 1786.

33. Wie sehr die Meynungen über die Anstalten des Herrn Geheimenraths Schubart von Kleefeld, zu Würchwitz getheilet sind, weiß beynahe jeder: allein, so wie alle Dinge auf dieser sublunarischen Welt zwey Seiten haben, so ists wenigstens vors erste Pflicht von mir, dem Herrn Geheimenrath für die mir erzeigte Gewogenheit bey meinem kurzen Aufenthalt zu Würchwitz unterthänigst zu danken, und denn auch zu gleicher Zeit zu versichern, daß ich alles dasjenige, so mir von dem Herrn Geheimenrath vorgezeiget worden, also und dergestalt befunden, daß ich ganz gerne wünschen möchte, daß diese Einrichtung, in Rücksicht auf die Stallfütterung, die Huth, Trift und Brache allgemein gemacht werden möchte. Würchwitz, den 24 August, 1786,

August Eichhof,
Herzogl. Gothaischer Hofgärtner.

34. Zwar later, aber doch eifriger Liebhaber so nachahmungswürdiger ökonomischer Einrichtungen, habe ich des Herrn Geheimenraths Oekonomie, und besonders die Krappfabrik, mit stiller Bewunderung betrachtet. Würchwitz, am 6 Septemb. 1786,

George Friedrich Tischer,
Churf. Sächs. Accisinsp. zu Freyberg.

55. Diesen allen konformiret sich ebenfalls mit gehorsamster Empfehlung. Würchwitz, am 6ten September, 1786,

Theodor Gottlieb Tischer, Capitain.

Würchwitz, am 6 Sept. 1786.

36. Vielfältige Lokalprüfungen berühmter und erfahrner Landwirthe, und deren zum Theil vorstehend schriftlich, oder in Druck eröfnete Urtheile, haben den festen allgemeinen Ruf von der vorzüglich guten, ordentlichen und nutzbaren Einrichtung bey der selbst gerichtlich untersuchten Krappkultur, desgleichen bey dem Feld, Wiesen und neuerlich eingeführten Futterkräuter- und Rübenanbau, sowohl, als von der ganz sichtlichen Verbesserung der Schafzucht, Veredlung der Wolle durch spanische Stähre, auch von der gezeigten Verbesserung der Landwirthschaft dem Rittergute Würchwitz, durch Abschaffung einiger Stall- und Futtermängel, auch sonst überhaupt, schon so bestätiget, daß mein Zeugniß, als eines der Sache Unkundigen, überflüßig seyn würde. Doch liegt mir ob, die redliche Versicherung beyzufügen, daß ein Theil der gnädigst mir anvertrauten Amtsunterthanen dem hier vorliegenden Muster des Futterbaues und Schafzucht mit glücklichem Erfolg nachgeahmet, und hierdurch ihren Vieh- folglich auch ländlichen Wohlstand zu vermehren, Mittel gefunden,

Johann Carl Tischer,
Churf. Sächs. Stiftsamtmann in Zeitz.

37. Ernst Adolph Exner, Stud. Juris, aus Kodersdorf bey Görlitz. Ich bin hieher gekommen, um die ökonomischen Anstalten bey dem Herrn Geheimenrath von Schubart hier in Würchwitz zu besehen, welche ich mit der größten Verwunderung betrachtet, und ganz über meine Erwartung in dem besten und vollkommsten Zustande angetroffen habe.

38. 39. Das Kultursystem des Herrn Geheimenraths Schubart von Kleefeld ist das beste, das je ein theoretischer Oekonom erdacht, oder ein Praktiker versucht hat. Dieses beweisen die vorstehenden Namen und Zeugnisse vieler Guthsbesitzer, Pächter und Oekonomiebeamten verschiedener Länder, die Hundert und mehr Meilen reisten, die Schubart von Kleefeldische Landwirthschaft zu sehen, und denen es weder an ausgebreiteten Kenntnissen noch an Anwendungen und Erfahrungen fehlte, um alles in allem, was zu einer guten Landwirthschaft gehöret, auf das vollkommenste zu beurtheilen. Aber die glückliche Nachahmung der Bauern, deren gesegnete Fluren wir seit dem April bis Anfang Oktobers so oft und mit so vielem Vergnügen, mehrere Meilen weit um Würchwitz herum sahen, beweiset die Vorzüglichkeit dieses erschaffenden Systems mehr als das Urtheil aller Oekonomen. Wie gerne hätten wir uns nicht, so wie wir uns vorgenommen hatten, von den Dorfsrichtern und Geschworenen schriftliche Zeugnisse über den blühenden Zustand ihrer Wirthschaften ausfertigen lassen, wenn wir nicht wider Vermuthen unsere Abreise auf höhern Befehl nur zu geschwinde beschleunigen mußten, um dadurch Kleinaldu-

bigen

bigen und Zweiflern Muth zu verschaffen, und Verläumder der guten Sache zu beschämen.

Wir müssen uns begnügen zu sagen:

Die Bauern um Würchwitz, im Chursächsischen Stifte Zeitz, haben vermöge sicherer Nachrichten, durch Befolgung des Schubart von Kleefeldischen Kultursystems in der kurzen Zeitfrist ihres angefangenen Kleebaues, ihrer vermehrten Viehzucht und ihres verbesserten Feldbaues, über 150000 Rthlr. Schulden abgetragen, ihre Viehställe erweitert, die Scheunen vergrößert, und ganze neue Gebäude hergestellt, um den reichlichen Segen, den dieses göttliche System hervorbringt, fassen zu können.

Die Schriften, die dieses System behandeln, verdienen in der Reihe der menschenwohlbeförderenden Urkunden nach Josephs II. Verordnungen, die sich auf Aufklärung, Toleranz, und Abschaffung der Leibeigenschaft beziehen, den ersten Platz, weil sie der nützlichsten Klasse der Menschen, Den Bauern, das und noch unendlich mehr wiedergeben, als was das so sehr Land und Leute verwüstende Vergrößerungssystem Friedrichs II., ihnen entrissen hat. Da wir zum Voraus sehen, wie sich die Menge der Erzeignisse, durch unsere Beyspiele, die wir durch Ausübung eines so glücklichmachenden Systems geben werden, vervielfältigen, der Handel sich erweitern, die Anzahl der Menschen zunehmen, und das ganze menschliche Geschlecht glücklicher

werden

Viertes Heft.

werden wird; so können wir die tieffste Ehrfurcht, die in uns für den Urheber und menschenfreundlichen Verbreiter dieses vortreflichen Systems, und für seine verehrungswürdigste Familie nie verlöschen wird, und die wärmste Dankbarkeit für seinen Unterricht, Bewirthung und Höflichkeitsbezeugungen, die ohne Grenzen waren, nur empfinden, aber nie sattsam ausdrücken.

Wenzel Jos. Knechtl,
Fürstl. Schwarzenberg. Oekonom.

Würchwitz,
den 22sten Sept. 1786.

Anton Immler,
Baron von Spielmannischer
Wirthschaftsbeamter.

Noch können wir nicht unbemerkt lassen, daß ungeachtet

„der Boden zu Würchwitz von sehr ungleicher
„Beschaffenheit ist, und abwechselnd aus Lehm,
„Sand, Kieß und Moorerde bestehet, und
„die Felder zum Theil in der Tiefe, großen
„Theils aber auf Anhöhen und Bergen liegen,
„und einige aus purem rothen Sand und Kieß
„bestehen",

sämmtliche Felder demnach, eins wie das andere, keins ausgenommen, nach dem von dem Herrn Geheimenrath angenommenen, und in seinen Schriften bekannt gemachten Kultursystem, unabänderlich bebauet werden, und daß auch eins wie das andere, sonder Ausnahme, äusserst reichlich trage. Zum Beyspiel wollen wir nur erstlich ein Stück Feld von 8 ¼ Dresdner Scheffel Kornausfaat, aussaat, das Galgenstück genannt, anführen, welches, wie alle einwohnende und benachbarte Bauern, nebst den zum Guthe gehörenden Schnittern und Dreschern einhellig versichern, von Natur eins der schlechtesten Felder gewesen, und oft kaum den Saamen wieder hergegeben habe, in unserer Gegenwart mit 12 Scheffel Hafer besäet, und davon NB. zur 6ten Frucht ohne dazwischen erhaltene animalische Düngung des äußerst trockenen Frühjahres ungeachtet, dennoch 34 Schock und 10 Garben geärndet, und aus dem Schock 8 Dresdner Scheffel gedroschen, folglich aus 12 Scheffel 272 Scheffel, also das 22te Korn gewonnen worden. Zweytens, das Sandgrabenstück, dessen Name schon seine Beschaffenheit bestimmt, worauf zur 14ten Frucht Klee stand, welcher anfänglich zwar frech erwuchs, aber wegen der großen Dürrung schon am 6ten Juni dergestalt zu vertrocknen anfieng, daß er kaum mit der Sense abgehaun werden konnte, nach erfolgten Regen am 25 Juni aber derselbe dergestallt gewachsen, daß, ehe er noch völlig zur Blüthe gelante, seine Stengel die Stärke einer großen Federspuhle, und die Höhe von 30 Zollen erreichet hatte.

Dieses und daß das Guth nur 16 Scheffel natürliche Wiesen habe, und daß doch gleichwohl nach Proportion eine so große Menge Vieh darauf gehalten, und ohne Stroh aufs reichlichste gefüttert werde, auch daß zur Rübsensaat auf ein Scheffel Feld 22 vierspännige Fuder Mist gefahren, und der sämmtliche Schafmist auf die Wiesen gestreuet worden, wie wir selbst gesehen, ingleichen, daß ein Scheffel Feld zu Krapp über 30 dergleichen

Viertes Heft. 497

gleichen Fuder erhalten, und dennoch Dünger genug im Hofe geblieben, der vor Winters nicht zu gebrauchen gewesen, da er sonst nicht hingereichet, alle 9 bis 12 Jahr den Feldern nur einmal die Düngung gleichsam nur von weiten zu zeigen. Alles dieses, sagen wir, wird dem unbefangenen und partheylosen denkenden Oekonom, wenn er so, wie wir, Gelegenheit hat, alles mit eignen Augen zu sehen und selbst zu berechnen, auch die Augen öfnen, und ihm von dem Werthe dieses wohlthätigsten Systems überzeugen. Vorsetzlich partheyische oder gar bestochene und erkaufte Gegner kuriren zu wollen, fällt uns nicht ein, wir überlassen sie ihrem Gewissen.

40. Ew. Hochwohlgeb. zu überzeugen, daß ich Sie schon aus Ihren Schriften, für den verehrungswürdigsten Mann hielt, für den ich Sie bey jetziger näherer Bekanntschaft um so vielmehr halte, ist mein innigster wärmster Wunsch. Unendlich freue ich mich, meine und meines Vaters Absicht doppelt erreicht zu haben: denn ich fand nicht nur das bey Ihnen, wovon ich mich zu überzeugen wünschte, sondern noch weit mehr. Meine Absicht, weswegen ich Ihre Bekanntschaft suchte, war theils um zusehen was ich in Ihren Schriften gelesen hatte, theils aber um mich zu überzeugen, ob das gegründet seyn sollte, was durch Gerücht nicht nur in Pfälzischen Gegenden, wo ich zwey Jahre lang die Oekonomie studirte, sondern auch in Hollstein und Mecklenburg verbreitet war, nämlich, daß Herr Geheimerath Schubart von Kleefeld, und Oberamtmann Holzhausen genöthiget worden wären, die Hordenfütterung der Scha-

se aufzuheben, weil sie durchaus nicht den Nutzen leisten wollte, den man dadurch hätte erlangen wollen, und die beyden gedachten Herrn im Gegentheil noch beträchtlichen Schaden dadurch erlitten hätten. Dieß schien mir fast unmöglich zu seyn, weswegen ich mich auch fest überredete, dieß nicht eher zu glauben, als bis ich mich selbst durch meine eignen Augen unumstößlich davon überzeugt hätte. Daß es mich jetzt unendlich freuen muß, daß ich gefunden habe, daß das Gerücht nichts anders war, als wofür ichs hielt, nämlich schändliche Verläumdung, deren Ursprung hier zu untersuchen nicht der Ort ist, darf ich Ew. Hochwohlgeb. nicht erst versichern. Ja unendlich und unbeschreiblich freuet es mich, daß alles, was Sie in Ihren Schriften versichern — — und lehren völlig und unumstößlich mit der reinsten Wahrheit übereinstimmt. Dies sage ich nicht nur Ihnen, sondern werde es allen sagen, die sich darum bey mir erkundigen werden, besonders aber werde ich aufs männlichste Ihren elenden Verläumdern den Kopf bieten, und wenn möglich ist, sie überführen, wie schändlich sie nicht nur gegen Eurer Hochwohlgeb. handeln, sondern gegen das ganze Publikum. Meine größte Freude aber muß ich Euer Hochwohlgeb. darüber bezeugen, daß ich, durch die mir unendlich werthe Bekanntschaft mit Ihnen, überzeugt bin, daß Verläumder Ihrer unschätzbaren rühmlichsten Unternehmungen, nicht schädlich auf Sie wirken können. Ja, Sie lassen sich nicht stöhren, männlich für das gemeine Wohl mit Wohlthätigkeit und Wohlwollen zu würken, wie Sie es bisher thaten. Dafür müssen Sie bis im größten höchsten Greisenalter die Belohnung und den Segen reichlich an

Kin-

Kindern und Kindeskindern erleben. Dies wünscht mit den wärmsten Herzen, der, der einige Achtung von Ihnen sich zu versprechen für das größte Glück hält, und mit der größten Hochachtung auf ewig verbleibt,

Dero
ergebenster Diener und dankbarster
F. W. Trendelenburg,
b. St. W. B. aus Lübeck.

Würchwitz,
den 12 Okt. 1786.

Würchwitz, den 16 Jan. 1787.

41. Ich las — und staunte, kam hieher, und mußte mich von der Wirklichkeit dessen, was mir noch kurz vorher Staunen verursacht hatte, selbst überzeugen; denn hier liegt unsre nöthige Ueberzeugung — gleich unserer nöthigen Nahrung — von keinen Hecken umzäunt, allenthalben frey und offen da, und Neider und Ungläubige werden eingeladen, sich selbst von der gewiß nur einzigen Wirthschaftsart zu Würchwitz zu überzeugen,

stets werde ich mit warmen Gefühle der Dankbarkeit, an die hier verlebten Tage zurückdenken, sie waren — bis jetzt — noch die süßesten meines Lebens,
von Forstner,
Page zu Gotha.

Würchwitz, den 14 März, 1787.

42. Da der Herr Geheimenrath von Kleefeld, Hochwohlgeb. mir gütigst erlaubten, bey meinem Aufenthalt allhier, Deren Viehstände und Futtervorräthe zu besehen, welches ich mir auch wohl zu Nutze gemacht! und habe nicht allein Deren sämmtliches Vieh im besten Zustande gefunden; die Kühe bey so sehr reichlich hergebender und guten Milch; die Schafe so gesund, da man in andern Orten das Gegentheil siehet! die Lämmer so stark, dergleichen ich zu dieser Jahreszeit gar noch nicht angetroffen habe, sondern auch noch bis dato so viel von dem guten Futtervorrath angetroffen, welcher ohne den Kleebau nicht seyn könnte, und man dergleichen Futtervorräthe bey weit größern Wirthschaften, nach der Aernde bey weitem nicht findet. Auch bin ich hinlänglich überzeugt, daß dieser Futterkräuterbau gar keine Getraidefrucht schadet, sondern vielmehr dem Getraidebau und andern Produkten Nutzen gemacht hat: wovon mich nicht allein die Länge des Strohes, sondern auch die große Menge des Düngers wirklich überzeugt hat.

Mit der größten Dankbarkeit und Wärme meines Herzens, werde ich bis an das Ende meiner Tage gegen den großen Mann! und wahren Menschenfreund seyn,

ergebenster Diener,
Adolph Wolff,
Amtmann zu Schickewitz in Schlesien, im Oelsnischen Fürstenthum, bey Herrn Baron v. Puttkammer.

Viertes Heft.

42. Schon im Herbst 1785 habe ich schon die neue Wirthschaftseinrichtung der Stall- und Hördenfütterung des Herrn Geheimenraths von Kleefeld mit vieler Verwunderung in Pobles betrachtet, und mich im vierten Stück der Leipziger Intelligenzblätter 1786, der Wahrheit gemäß, als ein ehrlicher Mann darüber erkläret, meine Erstaunung vermehrte sich aber merklich, als ich unter untengesetzten Tage die Bekanntschaft des Hrn. Geheimenraths persönlich zu machen suchte, Hochdieselben aber gefährlich krank antraf. Troß aller boshaften Verläumdungen habe ich nicht nur Schafzucht und Rindvieh im bestmöglichsten Zustande ganz nach der Anweisung in Dero Schriften betrieben, und eine erstaunliche Menge des fettesten Düngers, nebst schöner Kohlsaat, als auch noch schöne Futtervorräthe von dürrem Klee, welche dieses Frühjahr bey weiten nicht verbraucht werden können, gefunden; nur dann erst, wenn hergebrachte Vorurtheile gänzlich verschwunden, wird der beglückte Landmann diesen wohlthätigsten Menschenfreund, welchem ich für Dero gnädige Aufnahme meinen unterthänigen Dank abstatte, eine stille Thräne des Dankes weinen.

Gottlob Wilhelm Mitlacher,
Rittergutsbesitzer zu Molliß.

Würchwitz,
den 26 März
1787.

44. Kaum war ich in Würchwitz eingetroffen; als ich die sämmtlichen Früchte unter größter Bewunderung zu sehen bekam, und dieses zwar auf diese Art, daß ich auf meiner gethanen Reise, nirgends ein Korn, welches die 14 Frucht in einem Dung, von einer solchen Fettigkeit in 18 Meilen angetroffen, auch unter allen Früchten den sogenannten Raps von ungemeiner Größe und Fettigkeit antraf, und mit Erstaunen dabey stehen bleiben mußte.

Kurz, was ich mir für unglaublich gehalten, bey allen Stücken der Oekonomie antraf. Wollte Gott, daß der selig verstorbene Herr Geheimenrath von Kleefeld noch am Leben wäre, wie viel könnte dadurch der Oekonomie, welche doch an den meisten Orten gegen die hier eingeführte ein Siberien zu nennen, nicht durch diesen Unvergeßlichen Nutzen geschaft werden.

Joh. Gottfried König,
Reichsfreyherrl. von Guttenbergischer Oekonomieverwalter.

Würchwitz,
den 30 März,
1787.

Erklärung

des Grund- und Aufrisses zum Hollsteinischen Milch-Keller.

1. Dieser Milchkeller oder Milchhauß hat im Lichten 18 ½ Elle Leipziger Maas *) Breite, 10 ½ Elle Tiefe, und 7 Ellen Höhe. Die Mauern, 1 Elle stark, werden von Steinen erbauet, und der Fußboden wird mit steinernen Platten ausgeleget.

2. Muß derselbe, er werde in ein besonderes, oder unter ein bereits stehendes Gebäude gebracht, eine starke Decke bekommen, damit die Hitze nicht durchschlage.

3. Die 3 ½ Elle hohe und 1 Elle 15 Zoll breite Thür, wird an der Wand gegen Mitternacht, und neben solcher 2 ½ Elle von der Erde, auf jeder Seite ein Fenster 2 ½ Elle hoch, und 1 Elle 15 Zoll breit angebracht.

4. Die Mauer gegen Mittag darf weder Fenster noch eine andere Oefnung bekommen.

*) Eine Leipziger Elle macht zwey und zwanzig Wiener Zoll.

5. Jede der beyden gegen Morgen und Abend stehenden Mauern erhält 7 Luftzug-Löcher, von 1 ½ Elle Höhe, und 1 Elle Breite: dergestalt, daß der Luftzug nicht gerade durchstreichen kann, sondern an der entgegenstehenden Mauer sich abstoßen muß, nämlich, wenn auf der untern 2 Ellen vom Fußboden befindlichen Reihe Luftzüge auf der Morgenseite viere dergleichen angebracht worden, so erhält die Abendseite nur drey Luftzüge, und mit den obern 4 ½ Elle vom Fußboden abstehenden Luftzügen verhält es sich auf beyden Seiten gerad umgekehrt.

6. Die sämmtlichen vierzehn Luftzüge werden mit eisernen- oder hölzernen Stäben vergattert, um die Katzen abzuhalten und mit Laden versehen.

7. Der innere Raum des Milchkellers ist auf vier Tage, jeden zu vierzig Fäßchen oder Aeschen-Melke eingerichtet, welche in vier Abtheilungen auf den Fußboden ¼ Elle von den Wänden ab, in derjenigen Ordnung stehen, die aus den Grundrissen zu ersehen ist, und so bleibt der Zwischengang von Mitternacht nach Mittag ½ Elle, und der von Morgen nach Abend 1 ½ Elle breit.

8. Längstens den vierten Tag, mit welchen sich die Milch des ersten Tages völlig geschieden hat, wird diese abgeramet, und in die gereinigten Fäßchen oder Aesche wird die Milch des fünften Tages aufgegossen, an diesen die Milch des zweyten Tages geramet, und in die leer gewordenen Fäßchen wird am

sechsten

sechsten Tage die Milch gegossen, und so weiter verfahren.

9. Wenn es möglich ist, in den Milchkeller fließendes Wasser zu bringen, damit die Fäßchen oder Aesche täglich verschiedenemal eine Zeitlang in Wasser stehen, und solches mittelst eines Abzugs nach Gutbefinden wieder weggelassen werden kann, so hat derselbe alle erforderliche Vollkommenheit, um durch die Raamung den höchsten Nutzen aus der Milch zu ziehen.

www.ingramcontent.com/pod-product-compliance
Lightning Source LLC
Chambersburg PA
CBHW031451160426
43195CB00010BB/927